JINGU STADIUM

Enjoy
Coca-Cola

キリンビー

TOYOTA

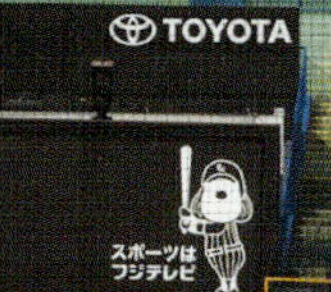
TOYOTA
スポーツは
フジテレビ

フジテレビ

二松学舎野球部、悲願への道のり

⬆1980年、青木久雄監督率いる二松学舎は念願の選抜甲子園に初出場。1回戦、大沢明選手が本塁に飛び込むもタッチアウト

健闘むなしく柳川に1-3で破れ、無念の初戦敗退。ナイター照明の下、甲子園の土を持ち帰る二松学舎ナイン

⬆1982年選抜決勝戦。1回表、PLの先頭打者に投じた初球をレフト・ラッキーゾーンへ運ばれ、先制点を奪われる

当時エースの市原勝人現監督が、ここまでの4試合をひとりで投げ切る力投で、二松学舎を初の甲子園決勝進出に導いた

試合巧者のPL学園を相手に、6回終了までは1-3と拮抗した展開だったが、連投の疲れか7回に試合が動く

1984年、夏の東東京大会準々決勝の岩倉戦で、8回に値千金の2ランホームランを放ち勝利を呼び込む初芝清選手

1998年、プロ注目の本格右腕・芦川武弘投手を擁して6年ぶりに決勝進出。しかし宿敵・帝京の前に3-8で散った

決勝戦、日大一の攻撃で打球が初芝投手の右肘に直撃し、その後無念の降板。最終回には意地の本塁打を放つもわずかに届かず

2002年、20年ぶりの選抜出場の報告を受け、前回出場した
自身の写真を掲げて喜ぶ市原監督と二松学舎ナイン

⬇開会式直後の大体大浪商戦。伊澤充主将のセンター前タイムリーで
森裕幸投手が果敢にホームを狙うもタッチアウト。僅差で敗退した

2002年夏、東京中を震え上がらせた最強の100発トリオ。
右から三番・近内亮介、四番・山崎裕史、五番・五味淵健太選手

⬇一年夏からベンチ入りし、2004年の選抜にも導いた松木基投手。だが、夏の決勝三年連続敗退の悲劇も同時に味わった

⬇2003年決勝。大会屈指の剛腕・小杉陽太投手は四連投をものともせず8回まで無失点に抑えるも、最終回ついに力尽きた

2014年夏、悲願の初優勝を決めた瞬間。マウンドに集まる一年生トリオの大江竜聖、今村大輝、三口英斗選手と竹原祐太主将

創部1958年。この瞬間を50年以上待ち続けてくれた応援スタンドに向かって、喜びを爆発させる二松学舎ナイン

2014年、二松学舎初の夏の甲子園で無失点に抑え、勝利を呼び込んだ大江竜聖投手。2季連続となる2015年選抜にも導いた

2015年秋季大会2回戦、早実1年生の怪物・清宮幸太郎選手を相手に、東京No.1左腕が渾身の直球で空振り三振を奪い勝利

日本で最も熱い夏

目次

第一章 自責

好敵手への溝　市原勝人　荒木大輔

やけにまぶしく見える。

初めてグラウンドに足を踏み入れたときは、埃っぽい乾燥した土と枯れがかった芝だったのが、今は熱気を帯びた黒々とした土と、キラキラと光った若葉の香りを漂わせる芝が広がっている。舞台は整った。

春霞がたなびく甲子園の上空には、コバルトブルーが一面を覆い尽くす。誰もがその空を見てこう思うのだろう。〝これぞ決勝戦に相応しい〟と。

マウンドでは、二松学舎のエース市原勝人がじっくり噛み締めるように黒い土をならしている。

「ここまで来たからには」という欲を捨て、平常心でいようと丁寧にスパイクで踏み出す位置を確認する。

球場全体が春の陽気に包まれ、いよいよ一九八二年選抜甲子園、最後の試合が始まろうとしている。

「決勝か……」

市原はいつもと変わらず、ポーカーフェイスで規定の投球練習の8球を丹念に投げ込む。ここまで四試合たったひとりで投げ切った。振り返ると、過去四試合すべて初球がボールだったので、この決勝だけは初球ストライクを投げようと決めていた。

「ウウウウウ、カキーーン、ウウウウーー」

プレイボールのサイレンが鳴ると同時に、金属音が被るように聞こえる。

「ウウウウゥゥゥ……」

サイレンは次第に小さくなりながらも、鋭い金属音だけを残した大飛球はレフトラッキーゾーンへと吸い込まれていく。

テニスボールのように、白球がポーンポーンと大きく二回跳ねる。

選抜史上初の初球先頭打者ホームラン。

PL学園の一番打者の佐藤公宏は、小躍りする気持ちを抑えながらダイヤモンドを駆け回った。

およそ五万に膨れ上がった観衆は、何が起こったのかわからず呆気にとられている。人文字の応援で有名なPL学園の応援団も、決勝戦の物々しさに追われてか準備ができておらず、鳴り物も歓声も上がらない。ホームランなのにシーンとしている。

一瞬の間ができた。そう思ったとたん、

「ウオオオオオォォォォーー」

いきなり耳をつんざく大歓声が沸き起こった。

「なーに、まだ1点だ」

市原は平然とした様子で、次の打者に集中する。だが、まだ制球が定まらないところを痛打され、さらに1点追加となり、初回に2点を献上。だからといって不用意に投げた初球ホームランのショックはない。まだ試合は始まったばかりだ。

この高校野球史に輝く記録的なホームランで始まった決勝戦。

そう、まだ投げ始めたばかりだ……。

監督の青木久雄は、常勝軍団というよりも攻守交代で全力疾走をモットーとする名門土佐高校を模範とし、〝西の土佐、東の二松〟と形容されるような厳格なマナーを徹底したチームを目指していた。

一九六六年（昭和四十一年）、日大三高から二松学舎の監督に就任して十七年目。弱小校から鍛え上げ、一九七一年、一九七四年と決勝に出るが敗退し、甲子園の道はなかなか遠かったが、一九八〇年に念願の選抜甲子園に出場したことで、新たな時代を築き上げようとした。

当時の東東京は、まだ帝京、関東一高が台頭しておらず、早稲田実業（二〇〇一年から西東京）、修徳、日大一高、日大二高、日体荏原が強豪で、群雄割拠の時代に突入する頃だった。

二松学舎大学付属高等学校は、靖国神社に程近い千代田区九段に位置する。

一九四八年（昭和二十三年）四月に二松学舎高等学校として開校。一九五三年四月に二松学舎大学附属高等学校に改称。二松学舎大学は、一八七七年（明治十年）備中松山藩藩士の三島中洲が私邸内に創設した漢学塾を起源とする大学である。

西洋文化を国策として取り入れることに危惧した三島が、東洋文化を学ぶことこそ日本国本来の姿であるとして、東洋学の確立と新時代を担う人材育成を目指し、高等教育の場として設立。多方面にわたって多くの優秀な人材を輩出している。

一九七八年の秋も深まった頃、柏のグラウンドでは見知らぬ男がフリーバッティングを始めた。

「カキーン、カキーン」

小気味良い金属音でフェンスを軽々越えていく。

「すげえな、あいつ！」

「誰だよ？」

新チームとなった二年生たちが一同に息を呑む。180センチを越える体躯から繰り出す打球は、高校生のクリーンナップと遜色のない力強さと飛距離。さらに驚かせたのは、打っているのがまだ中学二年生だという。後にプロに行った白幡勝弘（元・横浜）、西尾利春（元・阪急）らもただただ驚くしかなかった。

その中学二年生の名は、荒川第九中の市原勝人。いかにもヤンチャな風貌だった。

一九七九年の秋季大会決勝では、帝京を2対1の逆転サヨナラで破り優勝したことで、翌春の選抜甲子園はほぼ確定。有力な中学三年生は二松学舎へと進学を決める。その中に中学軟式野球で名を馳せていた市原も含まれていた。

選抜甲子園では初戦敗退した二松学舎だったが、夏の東東京は当然優勝候補筆頭だった。

一年生の市原は自慢の打棒を武器にすぐさま夏のベンチ入りを果たし、甲子園を目指して日々練習に励む。

第一シードの二松学舎はエース西尾と豪打白幡を中心に順当に勝ち進み、決勝で早稲田実業と相見える。名門早稲田実業は一九七七年から七八年で四季連続甲子園出場するなど、安定した力で東東京の他校より抜きん出た存在であった。その早実がエースである二年生の芳賀誠の故障により、一年生の荒木大輔を主戦投手に抜擢して投げさせていた。

それでも決勝は芳賀が投げてくると二松学舎ナインが思っていた矢先、先発メンバーを見ると、一年生荒木の名前が記されている。

「おい、一年生坊主かよ。こりゃ、勝ったな」

名門早実であろうが、決勝戦に一年生ピッチャーを先発させてくるという無謀な挑戦に、二松学舎ナインは血湧き肉踊るほど戦闘モードに入った。

「一年の荒木が先発だと？　芳賀じゃねえのか！」

ナメられた思いがした。選抜甲子園出場のプライドを持って夏の大会に臨んだ二松学舎ナインは、激戦を勝ち抜く度に自尊心が確固たる自信へと変わり、俺たちが一番強いんだという揺るぎない自負が備わっていた。


決勝の相手の早稲田実業は、春夏合わせて三十六回（当時）甲子園出場している超名門校。その早稲田実業の主戦投手が一年生の荒木大輔。調布リトルで世界大会に出場し、鳴り物入りで早稲田実業に入学。最初はサードの控えとしてベンチ入りを予定されていたが、エースの芳賀が練習中に怪我をし、六月から急遽ピッチャーを任される。

決勝までの四試合21イニングを、奪三振21、失点0。特筆すべきは準決勝の帝京戦。その年の選抜準優勝の帝京を相手に堂々の3安打完封。荒木大輔伝説の始まりはここからとも言える。

下馬評では、投手力、打力、守備力ともにほぼ互角。二松学舎のエース西尾と早実一年生荒木との投げ合いにどちらが勝つか。逆に言えば、どちらの打線が打ち崩すのか。三年生の西尾にとっては、一年生に負けるわけにはいかない。打線にしても同じだ。確固たる自信がそのまま打線強化のプラス作用となる。

1回裏の二松学舎の攻撃、一番から六番まであっという間に3点先取。

「ヨッシャー、楽勝だな」

二松学舎ナインは、もはや甲子園が決まったかのような空気で戦況を見る。ベンチにいた一年生の市原も「一年夏から甲子園に行ける!」と思い、「これまで無失点の荒木からうちの三年生は点を取るんだから、やっぱ他の学校の三年生とは違うんだな」と感心する。

1アウト二、三塁のチャンスが続く。イケイケモードであるが、ここで青木はスクイズを選択。決勝まで無失点街道をひた走っていた一年生ピッチャーが、初めての失点を重ねることで緊張の糸が切れかかっている。ここは1点でも多く取ることが一年生ピッチャーにより重圧を与え、試合の趨勢を決めることになる。

しかし、ここに大きな誤算があった。七番・三村守が2ボール2ストライクからインハイのストレートをスクイズ空振り、ランナーは三本間に挟まれゲッツーとなる。

初回はボールが真ん中に集まっていた荒木だったが、回を追うごとにコーナーに投げ分け、大きく縦に割れるカーブもアウトコースいっぱいに決まりだし、二松学舎打線が沈黙し始める。加えてタイムリーエラーでの失点が早実を勢いづかせ、伝統の力で押せ押せムードと変わっていく。

結局、初回の3点先取で気が緩み、スクイズ失敗、タイムリーエラー等で流れが早実に傾き、着々と得点を重ねられる。そして9回裏の二松学舎最後の攻撃、スコアは10対4。敗色濃厚の2死から、青木は一年生の市原を代打に出す。

奇跡でも起こらない限り、6点差を逆転するのはほぼ不可能。それでも諦めずに食い下がるのが高校野球。この代打起用が市原にとって夏の大会初めての出場でもある。市原の視線の先には同じ一年生の荒木がいる。威風堂々とマウンドに立っている荒木の姿を見たからといって、別段苛立ちなど感じなかった。ただ、敗色濃厚の場面での起用に意地だけは見せたかった。

「ウッシャー！」

言い知れぬ心の叫びが、気概となってバットを強振させる。

「カキッ！」

鈍い金属音だけを残し、高々とボールは上がった。レフトがゆっくりと落下点に入り、ゲームセット。明暗はくっきり分かれてしまったが、一年生の夏、荒木と市原は少しだけ交錯した。未来を暗示するかのようにほんの一瞬だけ交わり、反発するかのように対極の方向へと歩いていく。

二松学舎は、三度目の夏の東東京都大会決勝も自滅に近い形で負けてしまった。

敗因を挙げればキリがない。強いて言えば、初回の3点先取したあとのスクイズが決まっていれば、一方的なゲーム展開になったかもしれない。言わずもがな勝負の鉄則は〝点を取れるときに容赦なく取れ〟だ。それと決勝戦が雨で一日順延したことが、早実にとっては恵みの雨となった。準決勝では、早実は帝京に4対0の完封勝利とはいえ、この時点で荒木は四連投。一方の二松学舎は準決勝で攻玉社に11対4の7回コールドと、エース西尾は余力を残して決勝を迎え、順延せずに日程通りにやっていれば、勢いの差からまた違った結果になったのかもしれない。すべては後の祭りではあるが……。

勝ったから強いのではなく、強いから勝つのだ。甲子園に出場した早実は、あれよあれよと決勝まで勝ち進み、横浜高校に惜しくも敗れたが準優勝という成績を残す。早実が残したのはそれだけでなく、空前絶後の大ちゃん（荒木大輔）フィーバーを巻き起こし、ここから高校野球界は早実・荒木大輔を中心に回っていくことになる。

ちなみに、荒木が予選、甲子園大会の十試合を投げて失点をしたのは、甲子園決勝の横浜と予選決勝の二松学舎の二試合のみである。

そもそも荒木大輔は入学当初からアイドルだったわけではない。きっかけは、高校一年夏の甲子園一回戦。

一九八〇年の夏の甲子園は、横浜高校の愛甲猛（元・ロッテ）がトップアイドルとして君臨するはずだった。開会式の入場行進のため外で待機しているとき、早稲田実業の隣にいた横浜高校の愛甲のところに多くの人が集まり、早実など見向きもされなかった。そのとき荒木は愛甲を間近に見て、「あれが愛甲さんかぁ」といち高校野球ファンのように遠慮がちに佇んでいた。

宿舎は甲子園駅から100メートルほどの場所に位置し、球場まで楽に歩いていける距離。しかし、一回戦の北陽戦後に事態が一変したのだ。

試合前の北陽のノックを見た瞬間、荒木は「高校野球のレベルってこんなすげえんだ！」と高校で野球をして以来初めての衝撃を受ける。その二時間後、6対0の1安打完封。高校一年生にしてセンセーショナルな甲子園デビュー。1安打は、6回の先頭打者に許した三塁内野安打だけで、外野に飛んだのも5回のセンターフライただひとつ。

北陽は、一九七三年選抜で作新学院の江川卓（元・巨人）が1安打完封19奪三振、一九八〇年選抜で帝京の伊東昭光（元・ヤクルト）が4安打完封と、甲子園史に残る選手のデビュー戦に相応しい相手なのかもしれない。

今まで普通に暮らしていた荒木だったが、この試合後からバスから降りられなくなったり、宿舎にはファンの女のコが大挙して押し寄せたり、一夜にしてではなく二時間にして世界がガラリと変わってしまった。

荒木はいつも訝しげに思っていた。

「なんで、こんなに騒ぐんだろう……」

だからといって、必要以上のストレスや不便さを感じることもなかった。

一九八〇年八月から八二年八月までの丸二年間、荒木は女子高校生たちの垂涎の的として追っかけられた。野球にまったく興味のない女のコまでもが大勢夢中になった。歌舞伎役者のような凛とした顔立ち、キラキラと輝くオーラ、他の球児とは存在感が圧倒的に違い、〝甲子園史上空前のアイドル〟として誰もが認める存在となる。

甲子園の試合では球場内に数多くの警備員が配置され、朝早くから女のコたちが長蛇の列。試合中は、アイドルのコンサートさながらの「大ちゃーーん」コールが飛び交う。球場に出入りするときも、ファンに囲まれ身動きできない状態。普段の生活でも、普通に通学ができないので他の部員が荒木を囲みガードしたりと、並みのアイドルタレントより人気があった。

アイドルは時代の表像として、いつの世にも礼賛される。

およそ一世紀の歴史がある高校野球において、三沢高校の太田幸司、東海大相模の原辰徳、PL学園の桑田真澄、清原和博、早稲田実業の斎藤佑樹と幾多のアイドルが生まれたが、真の〝アイドル性〟を持った選手といえば後にも先にも荒木大輔ただひとり。そこには時代背景が大きく起因している。

荒木や市原はともに一九六四年(昭和三十九年)生まれ。一九六〇年代はカウンターカルチャーの時代と呼ばれる。音楽、映画、舞台、マンガなどが革新的なスタイルで表現されたことで若者たちが触発され、大人たちに反発する力が芽生え、世界中で学生運動が沸き起こり、社会の制度を変えようとする思想や哲学が生まれる。ルールそのものを壊すための表現が、この時代のカルチャーだった。

一九七〇年代は、高度成長時代に伴って流通が発展したことで名実ともに飽食暖衣となり、自立した生活を目指せるようになる。多様化した個人の自己実現にどんどん踏み込んでいくが、まだまだ戦後の匂いが残っている時代でもあった。

一九八〇年代になるともはや戦後ではなく、テクノロジーの発展により近未来への希望を持った時代の幕開けとなる。現に、携帯電話、パソコンといった現代社会において必需品となる原型は八〇年代に生まれ、テレビゲーム、CD、ビデオが一般的に普及したことで、文化の誕生は精神的活動形態から俗物的でコントロール可能なものに変化していく。

一昔前は、今のAKBやSKEといったグループ単位のアイドルではなく、単体でアイドルが城秀樹、野口五郎の〝新御三家〟といったアイドルが生まれ、芸能界のアイドル萌芽期となる。

一九八〇年に入ると松田聖子、河合奈保子、三原順子、柏原芳恵、一九八一年は岩崎良美、松本伊代、薬師丸ひろ子、そして花の一九八二年組には中森明菜、小泉今日子、早見優、石川秀美、堀ちえみ、原田知世、三田寛子、男性アイドルとなると、一九八〇年に田原敏彦、近藤真彦、野村義男の〝たのきんトリオ〟、一九八二年に本木雅弘、薬丸裕英、布川敏和の〝シブがき隊〟といった、現在でも俳優、タレントとして第一線で活躍しているアイドルが数多く輩出された。そういったアイドル全盛時代にうまく融合したのか、高校野球界にもアイドル荒木大輔が誕生した。

名門早稲田実業だからといって、朝から晩まで練習しているわけではない。

都内でも有数の進学校ゆえ、六限目までしっかり授業を受けてから練習に入る。十五時に授業が終わり、学校がある早稲田鶴巻町から武蔵関グラウンドまでの移動に一時間。大体十六時頃から練習が始まる。全員でアップすることはなく、グラウンドに着いたらそのままバッティング練習に入り、バッテリーが先にブルペンで投げ込みやランニングをしている間、野手は走塁練習、ノック、そして最後にベースランニング。ナイター設備がないため十八時頃には練習終了。

練習時間は正味二時間ぐらい。十九時には帰宅するという毎日だった。

荒木は監督の和田明（故人）から怒られた記憶がほとんどない。スパルタの対極に位置するほどのリベラルな指導者。もともと説教をする監督ではなく、選手の自主性に任せ、のびのびやらせる方針をずっととっていた。

「荒木、肩を揉んでくれ〜」が口癖の和田は、練習最後のベースランニングの頃にはさっさと帰ってしまう。あとは自分たちでやれという放任主義だった。

家に帰ったからといって、シャドウやランニングといった自主練等はやらない。荒木だけじゃなく、他の選手たちも同様。ハードな練習をしたことはないし、たとえハードな練習をやったとしても付いていてこれない人間が続出しただろう。

鉄拳制裁が横行していた時代、和田は軍隊的な練習が大嫌いだったため、毎日「絶対に手を出すなよ」と言って帰っていく。そういうのもあって、荒木はひとつ上のピッチャーの芳賀から可愛がられ、当時夏場には水が飲めないのが鉄則だったのに「大輔、飲めよ」と芳賀がいつも飲ませてくれていた。「チーム芳賀」となってサーキットトレーニングでもサッカーして遊んだりして、当時では珍しく先輩後輩が一緒になって和気あいあいやっていた。

〝大ちゃんフィーバー〟の渦中、学校へ行けば一般の生徒と同じで、他の生徒からも特別視されなかった分、肩の力は抜けた。当時は一人暮らしする生徒もいて、自主性を重んじる自由な校風だった。その代わりに勉強ができなかったら平気で落第させる。実際ダブっている野球部員もいた。夏の大会前に期末試験があるため、試験合宿をして勉強に勤しむ。その期間は軽く身体を動かして汗を出す程度で、あとはひたすら勉強する。一般生徒に比べたら、練習もあるし多少の制限はあったにせよ、男女の交際も禁止ではなく自由奔放だった。野球部員として青春を謳歌し、高校野球は楽しい思い出しかない。

甲子園に出るという目標はあったが、日本一を目指して猛特訓したわけでもない。大ちゃんフィーバーによる周囲の喧噪も、登下校の際、仲間たちがＳＰのように四方を囲んでしっかりガードしてくれた。高校のいちクラブ活動として楽しみながら野球をやっていた。だからといって、二時間の練習は手を抜かず目一杯やった。

ピッチング練習は毎日あったが球数は少なかった。たまにＯＢのコーチが来て２００球程度投げたりする日もあったが、言われなきゃやらない。今でこそ肩は消耗品のため過度の投げすぎはよくないと思っているが、当時はそんな理論的なことで投げ込みをやらなかったのではなく、ただきついからやらなかっただけである。

冬になると、早実はサーキットトレーニングとして、学校のある早稲田鶴巻町から九段下までランニングし、北の丸公園でゴムのボールを使ってサッカーやラグビーをやったりしてワイワイやっていた。その反面、二松学舎は皇居の周り一周五キロを三周以上してから北の丸公園で腕立て、腹筋などの筋トレを一生懸命やっている。

「なんだよあれ〜」

「早実の奴ら、また遊んでるよ」

二松学舎が一生懸命トレーニングに励んでいるのを尻目に、早実の野球部員はサッカーをしてキャッキャしている。

「あんな遊んでばかりのところに負けてたまるかよ」

二松学舎の選手たちは、額に汗をかき肩で息をしながら、遊んでいるふうにしか見えない早実の選手たちを射るような目で見ていた。

逆に早実の選手たちは二松学舎の練習を見て、

「すげーなー、大変だなー」

気の毒にさえ思っていた。

早実はサーキットトレーニングを遊びでやっている感覚はあるけど、別にサボっているわけではない。良く言えば、ガムシャラにサーキットトレーニングをやることがすべてじゃなく、基本楽しく運動できればそれにこしたことはないという考え。

端から見たら全然やっていないような練習でも試合をやれば勝つし、甲子園にも出られるから現状維持のままで良い。だから、〝楽して勝とう〟をモットーの高校野球生活にドップリ浸かっていた。これが早実の良さでもあり、他の学校にはない部分。野球名門校ではあり得ないほどの特異体質。だからといって早実のどの代もそうだったわけではなく、前後の代のOBが荒木の代だけはさすがに感覚、能力ともに異質だと口を揃えて言う。

荒木が高校三年春、夏の甲子園メンバーを見ると、一学年下を含めて四人（荒木大輔、石井丈裕、板倉賢司、上福元勲）がプロ入りしている。そういった意味では奇跡的に良い選手が集まった代とも言える。

当時の二松学舎と早実は、同じ東東京であるため練習試合を行うこともなく、時が過ぎていった。早実の荒木は一年夏、二年春、夏と甲子園に出場し、名実ともに高校野球界のスーパースターへと登り詰める。

そして、両校はついに一年夏の決勝以来、二度目の対決をすることになる。

一九八一年東京都秋季大会。

一回戦　◯9対1　堀越
準々決勝　◯1対0　関東一
準決勝　◯3対1　日体荏原
強豪を接戦で倒し、決勝まで勝ち上がってきた二松学舎。

かたや早実は、準決勝日大二高戦で7対7の引き分け日没再試合。

荒木は序盤から日大二高打線にめった打ちを喰らい、夕暮れどきの延長11回裏にいきなり三塁打を打たれて満塁策を取る。だがここで荒木の強運なのか急に陽が沈み、日大二高は今までガンガン打っていたのが暗くて見えないためバットに当たらない。神宮第二球場はナイター設備がなく、7対7の日没コールド再試合となったのだ。荒木は11回184球を投げ切った。

翌日の再試合はまったく負ける気がしなかった。同じ轍を踏まない気持ちで集中し、8対1と8回コールド勝ちで決勝進出。

当時の選抜の出場枠は東京二校だったため、二松学舎も早稲田実業も選抜出場はほぼ当確。とはいえ、荒木の東京都での連勝記録が続いており、二松学舎は優勝をしてきっちり選抜確定を決めておきたいところ。

〝アイドル〟荒木大輔対〝無頼派〟市原勝人との初対決。

早実に初回、4回と1点ずつ取られたが、荒木は制球、スピードともに今ひとつ。二松学舎は

4回裏に5安打を浴びせ、逆転に成功。

最終回、4対2と二松学舎2点リードのまま、早実最後の攻撃。東京都では難攻不落といわれた早実・荒木大輔がついに負けてしまうのか。

先頭打者の八番・荒木がバッターボックスに入る。この大会、荒木は本来のピッチングとはかけ離れていた。現に、準決勝の日大二高戦では生まれて初めてのホームラン2本による7失点。この試合だけは、荒木自身も負けると思った。

しかし、決勝の二松学舎においては9回2アウトで2点差付けられていようが、負けるとは微塵も思わなかった。荒木だけでなく、他の選手も同様の思いだった。

「俺たちが負けるわけないよな。最後は勝つんだろうな」

ベンチの誰もが勝利に対し揺るぎない自信を持って臨んでいる。市原を攻略するための作戦があるわけでもない。あるのは根拠のない自信だけだ。自分たちは甲子園で試合をするのが当たり前だと。予選で負けてしまったらという不安を誰も感じたことはなかった。それが早実の最大の武器でもあった。

荒木は市原のストレートを思い切り叩き、レフトオーバーの二塁打。このとき荒木は腰痛がひどく、ほとんど練習ができない状態だった。

「腰が痛くてバットも振れなかった大輔が打ったぞ」とベンチが盛り上がる。続く上福本勲（元・巨人　故人）が三振、小沢章一（故人）がライトフライで2アウト二塁。

市原は、ライトフライに倒れた小沢が一塁から戻ってくる際に涙をこぼしているのが見え、

「よし！」と思う。

二番・岩田雅之をフォアボールで一、二塁にしてから、勝利の女神がだんだんと早稲田実業へと微笑みかける。三番・池田秀喜を迎え、市原はコントロールに細心の注意を払いながら投げるのだが、球審がどう思ったのか、真ん中気味の球を「ボール！」と判定。

「えっ！　ストライクじゃないのかよ」

ポーカーフェイスが信条の市原も、さすがにマウンド上で顔を歪める。

池田は前打席でインコースを詰まらせていた経緯もあり、インコースのシュートを狙いすましたように捉え、右中間フェンス直撃で同点。結局、その後も連打連打で極めつけは六番・松本達夫のツーランホームラン。9回2アウトからの5連続長短打で一挙6点を取り、8対4の逆転勝利で早実の優勝。東京都での早実の不敗神話は続き、荒木大輔は都内の公式戦22連勝を飾る。

早稲田実業も二松学舎も選抜に選ばれるが、荒木は二松学舎に対してライバル心などまったくなく、ましてや市原に対し意識したこともなかった。選抜に東京同士で一緒に出たからといって「二松学舎より上に行ってやろう」という気持ちにもならない。正直、他の学校のことはなんとも思わなかった。ただ甲子園は別。これが早実カラーなのだから仕方がない。

一九八二年、二度目の選抜甲子園に出場する二松学舎。

市原は「早実より先には帰ってこねーぞ」という思いで甲子園に乗り込んだ。

誰もが同じことを言うだろうが、市原が甲子園のマウンドに立ってまず感じたのは、こんなに投げやすい場所は見たことがない。

「こんなに近いんだ！」

マウンドからキャッチャーまで想像以上に近く見える。そしてマウンドからバックスクリーンに目を向けると、高校野球の金字塔漫画『ドカベン』でよく見た光景が眼に映る。

「あのまんまだ」

胸が踊る思いがした。

甲子園に行くために東京駅から新幹線に乗り、その三時間の車中で「甲子園ってこんな感じじゃないかな」と想像を膨らませる。甲子園球場だけじゃなく大会期間中の様子、おまけに新大阪駅を降りてからも勝手にイメージしていたのがすべて想像通り。当然、人間なので想像は高く見積もっているが、それでも想像通りの光景が目の前に広がった。

初戦の長野を6安打完封、二松学舎初の甲子園1勝をもたらす。市原にしてみれば、ベストピッチングとは思っていない。試合後、監督の青木の勝利インタビューによると、

「結果的にはベストピッチングに見えますけど、カーブがよかったストレートがよかったというよりも何がベストかっていうと、初めての甲子園でゼロに抑えるってことが大したもんなんじゃないですか」

ヒーローインタビューを受けていた市原は、隣で勝利インタビューを受けている青木のコメントを聞いて「確かに目に留まるようなピッチングはしてねえもんな」と自己分析。

初戦を突破したことで勢いに乗った二松学舎は、鹿児島商工（現・樟南）を4対3、郡山も8

対3と撃破し、準決勝で優勝候補の中京（現・中京大中京）と当たる。中京は準々決勝で甲子園通算100勝というメモリアルを達成し、あとは優勝に向かってひた走るだけ。大型剛腕投手の野中徹（元・阪急）を擁しての中京に死角はない。

予定されていた決戦当日は雨で一日順延することになり、そのまま午前中に甲子園雨天練習場で二松学舎が練習をしていると、次に練習予定の中京が二松学舎のバッティング練習をじっと観察している。

「なんや、大したことねえがや」

「へえ〜こんなもんけー」

中京の選手たちが、三河弁丸出しの小声でヒソヒソと言っているのを青木は聞き逃さなかった。これはまずい、と思った青木は即座に叫ぶ。

「バント練習をやれ!!」

練習メニューを切り替え、これ以上手の内を晒して中京に自信を持たせないようにさっさと切り上げた。青木はひとり残って中京の練習を見て「こりゃ、すげえ」と感嘆の声を漏らさずにはいられなかった。そう思うと、二松学舎の練習を見られていたことに急に恥ずかしさを覚える。

試合前のミーティングで、青木は自戒を込めるように言い放つ。

「甲子園100勝のチームにまともに行ってもおまえら勝てるか!? おまえらが勝つにはまず野中のカーブをバントしてミスを誘うしかない。まともに打つんじゃなくてとにかく揺さぶれ。そうすれば6回以降から必ず野中は真っすぐを投げてくるから、バットを短く持ってセンター返しに徹しろ。そこからがおまえらのバッティングが始まるつもりでいろ」

中京は優勝を狙っているので、準決勝は通過点だと思っている。どうせ打てないのなら守り勝つしかない。青木は、市原とキャッチャーの尾鼻晃吉（元・日本ハム）にランナーが出たときのサインプレーを徹底させた。

試合が始まり、市原は中京打線に対し終始厳しい攻めに徹する。

「まともに行っても勝ち目はない。それでフォアボールになっても仕方ねーや」

むしろ開き直ってインコースを徹底的に攻めた。ランナーが出ても、散々練習していたサインプレーがまるでこの試合に合わせたかのように決まる。5回まで中京打線を無安打。2回、5回には牽制アウトで流れは二松学舎に傾く。

優勝候補の中京は、早く点が欲しいのか次第に焦りが出始めた。6回表の二松学舎のバント攻撃に業を煮やした中京の杉浦藤文監督は、

「バカヤロー、野中。バントしかないいんだから真っすぐ投げろ！」

ベンチから大声で叫ぶ。

青木はそれを聞き、すべては思惑通りに事が進んでいると思った。

7回表、市原が間合いを取りながらゆっくりバッターボックスに入る。狙い球は真っすぐだけ。野中の高めのストレートを狙いすましたかのように思い切り叩くと、打球は高々とレフトへ舞い上がった。スタンドにいる観客からはホームランが出たような歓声が沸き起こる。

「まさか!?　これでホームランはねえな」

市原は打球を見ながら一塁ベースを蹴る。レフトフェンス直撃の二塁打。当時の金属バットは今と違って低反発で飛ばない。現にこの準決勝までホームランは4本しか出ていない。市原は、一学年下とはいえ大会屈指の剛腕野中の実力を認めており、その野中からフェンス直撃のヒットを打ったのは自信となった。

9回からライトの紀藤真琴がマウンドに上がる。後に紀藤は広島にドラフト三位で指名され、一九九〇年代中盤に広島のエースとして活躍した。

当時は、エースひとりが最初から最後まで投げるという時代に、中京には野中、紀藤、森の三本柱が揃っており、野中が阪急ドラフト一位、紀藤が広島ドラフト三位でプロ入り、森昌彦は亜細亜からNTT東海に進み、都市対抗で橋戸賞を受賞、一九九六年アトランタオリンピックで銀メダルという輝かしい球歴で、現在は豊川高校でコーチをしている。

甲子園通算10勝した野中がプロ通算2勝しかできず、控えの紀藤が広島のエースにまで登り詰め、プロ通算78勝。強豪校におけるエースと控えのコントラストがはっきり出た例として、二〇〇〇年初頭まで雑誌等でよく語られていたケースでもある。

エース野中を引き摺り下ろした二松学舎。しかし、二番手の紀藤の球を見て、市原は「こっちのほうが速い」と感じる。野中と紀藤を比べると、野中は剛腕で球が重いイメージがあるが、実は手先が器用で柔らかく、変化球のキレもいい。

「やっぱ野中のほうがエースだよなぁ」と思うが、ピッチャーの一番の武器であるスピードは断然紀藤のほうが上だと感じる。

三番・尾鼻が代わり端にレフト線への二塁打、四番・上地がいい当たりのセンターライナー。他の選手は代わった紀藤をなんなく打ち返す。

「そんなに打ちづらそうじゃないんだな」

あとで市原は他の選手に聞いてみた。

「紀藤のほうが速くねえ？」

「いや野中のほうが速い」

「野中が速い！」

躊躇せずに答えが返ってくる。

「紀藤のほうが速く感じるけど、まぁ人によって見方は違うもんかぁ」

市原はこう思いながらも、名門中京の一学年下の剛腕投手野中と控えの紀藤との対戦を終える。9四死球を出しながらも、市原は三つの牽制死を含む粘り強いピッチングで中京打線を封じ、野中攻略の作戦もうまくはまり3対1で勝利。市原自身にとっても価値ある投球内容だった。

この試合後、衝撃的なことが起こった。

勝利インタビューで、青木がインタビュー中に泣いてしまったのだ。

この青木号泣事件についてはいろいろな憶測が流れた。日大三高時代には中京と練習試合を組めたのに、二松学舎に来てから組めなくなった辛さや、日大三高OBに啖呵を切って飛び出し、二松学舎に来て苦節十七目にして初の甲子園決勝進出という万感の思いから……など、マスコミは好き勝手に美談に仕立て上げようとしていたが、実はそうではなかった。

司令塔でキャプテンであるキャッチャーの尾鼻が、満身創痍で特に腰痛がひどく、試合に出られる状態ではなかった。甲子園に来ても、メンバーには内緒で大阪の病院、鍼灸師に通い詰めだった。ギリギリの状態で中京戦に出場し、牽制で二回も刺し攻守ともに活躍。

そんな尾鼻の頑張りを考えたら、鬼の青木といえども堰を切ったように涙が溢れ出たのだ。どれだけ戦略を立てようとも、どれだけ戦法が素晴らしくとも、選手がやってくれなきゃすべては絵に描いた餅。青木にとってはつくづく選手の有り難さを痛感した試合だった。


そして、選抜甲子園決勝戦ＰＬ学園対二松学舎。

初回に史上初の初球先頭打者ホームランという波乱の幕開けだったが、2回にすぐ1点を返し、緊迫した状態のまま6回が終わり3対1でＰＬ学園の2点リード。まだまだ試合はどう転ぶかわからない。

そして、運命の7回表のＰＬ攻撃。

勝敗は、たった一球で決まると言われている。

この選抜の決勝もそうだった。

まず先頭打者をフォアボールで出塁させたことから始まる。

青木がランナーの動きをつぶさに見ると、走る気まんまんでいる。ＰＬが足を使った攻撃をしてくることは計算していたので、十中八九エンドランをかけてくると予想し、キャッチャーの尾鼻に牽制のサインを出すように指示する。

マウンドの市原はすぐさま一塁に牽制。そのとき青木は感じた。

「普通はエンドラン継続だが、試合巧者のPLのことだから、牽制球を投げた時点でサインを変えてきたかも……」

もう一度、牽制球を投げる指示を出す。このときランナーがリードも少なめだったため余裕で帰塁。明らかにエンドランのサイン取り消し。この二度目の牽制が仇となった。PLは懲りずにまたエンドランを仕掛けてきたのだ。

市原が投げたと同時にランナーは走り、バッターはこれ見よがしにストレートを弾き返し、ノーアウト一、三塁となる。

「くそ！　やられた！」

青木は地団駄を踏んで悔しがった。エンドランと見破った時点で、なんで牽制球を投げさせてしまったのだろうか。ウエストしておけば、キャッチャー尾鼻の肩なら刺せる。ウエストさえしておけば……、この試合の行方はすべてここで決まった。

次打者の四球で満塁となり、後続にはレフト前に運ばれ1点、まだ満塁が続いているところに四番・松田の満塁ランニングホームランでさらに4点追加、8対1。勝負は下駄を履くまでわからないと言うが、この試合に限っては勝負がついてしまった。今の時代のように点数がバカバカ入るようなゲーム展開が少なかったため、7回終わっての7点差はすでに勝負ありといえる。

市原はマウンドを降り、ライトへと下がった。

PLの猛攻は止まらない。後続のピッチャーが次々と打たれ、点差がどんどん離れていく。

9回に5点取られたところで、再び市原がライトからピッチャーズマウンドへ走っていく。すると、甲子園のスタンドは割れんばかりの拍手で出迎える。

「ありがたいな……」

市原は甲子園の優しさを肌で感じた。と同時に、

「これじゃあ、優勝できねーわな」

そんな思いが頭の中を過った。甲子園から優しさを貰うようでは優勝なんて夢のまた夢。勝つためには憎まれてこそだ。日本人特有の判官贔屓ではないが、あまりに強すぎてみんなから負けろと憎まれても平然と勝つようなチームでないと、甲子園では優勝できない。

市原にしてみれば、自分たちが強いチームという自覚もなく、「普通の高校生がこんなに頑張ってるんだ、応援しよう！」とみんなの応援に乗せられてここまで来れたような気がする。要は、勢いに乗せられたチームがこの決勝の大舞台でメッキが剥がれてしまったのだ。

15対2、選抜甲子園決勝において歴史的な敗北。

市原は、ゲームセットの瞬間をあまり覚えていない。

負けたとはいえ準優勝という勲章を胸に、堂々と東京へ帰るという感覚にはなれなかった。

選抜史上最多得点、最多得点差という不名誉な記録、恥をかいて帰ってきた思いしかない。甲子園で四つ勝ち、決勝へ行ったが、その四つの勝ちもすべて消し飛んでしまった気がする。

「いっそのこと、準決勝で負ければよかった……」

それほど市原にとって、選抜決勝戦は屈辱以外のなにものでもなかった。

東京へ戻り、一週間後には春季大会が始まった。

甲子園から東京へ戻る新幹線の中、市原は青木から、「しばらく放らなくていいからな」と言われたものの、春季大会が始まれば否応なく市原が先発。初戦の国学院久我山によもやの3対9で敗退するが、推薦枠として関東大会に出場。初戦成田戦に先発し、延長10回完投し6対7で敗退。

十八歳とはいえ、まだまだ心も身体も未成熟。いくら若いといっても蓄積された疲労はそう簡単に取れるものではない。市原は疲労が取れていると思って投げてもどうにも抑えられない。相手がヒットを打つと、選抜準優勝投手から打ったということで大盛り上がり。〃勝たなきゃ勝たなきゃ〃というプレッシャーが知らず知らず市原の身体にのしかかり、やがてはストレスとなって襲ってくる。

それとはまた別の意味でのストレスもあった。

九段下の駅に降りると、多くの女子大生たちが改札に待ち受けていた。

「キャー、市原くーん！」

黄色い歓声が飛ぶ。

学校まで無言を決めてスタスタと歩くが、女子大生たちが束になって後ろをずっと付いてくる。

「おいおい、どこまで付いてくるんだよ、めんどくせーなぁ」

家に帰ろうとすれば、自宅の前にも女のコが待ち構えている。

近くの公衆電話から家へ電話する。

「もうすぐ着くけど、外に女のコたちがいるでしょう。とにかく、今日は帰ってこねーとか、なんでもいいから嘘ついて帰してくれ」

学校には段ボール単位でファンレターが届く。

このとき市原は、あらためて甲子園の凄まじい影響力を思い知る。

招待試合に行けば、どんな地方の球場であろうと満員御礼。どんなに調子が悪かろうが投げないわけにはいかず、身体に鞭打って投げる。普通の練習試合と違って、疲労度は半端ない。

どこの地方に行っても女のコたちがグルーピーのように群がってきて、青木からは「絶対に変なものを貰っちゃダメだぞ！」ときつく言われるが、それでも球場に出入りするとき知らぬ間にバックの上にプレゼントを乗せられる。

「ヤベ、また怒られちゃうよ」

キャーキャー騒がれて楽しいのは最初のうちだけ。毎日やられれば嫌気もさす。ましてや硬派で通っている市原にとって、女のコに追いかけられるのは苦痛で仕方がなかった。

この頃の東京都の高校野球界は大ちゃんフィーバーに加え、市原フィーバーも生まれるなど、高校野球狂想曲とでもいうのだろうか。二度と起こり得ることはない世にも奇妙な状態が毎日続いた。

選抜甲子園はもとより、東京へ帰ってきてからも緊張状態が続いたせいで、市原の身体はすでにボロボロだった。医者からも「精神的にも目一杯最高の状態でやっていたため、身体がズタズタの状態です」と診断を受ける。いくら休養を与えてもらっても、グルーピーに追いかけられるなどして休まる時がない。どれだけ投げ込んでも、時にはランニングだけで肩を休ませても、身体は選抜甲子園の頃には戻らなかった。

六月に入った頃、市原は立ち上がれないほどの激痛が腰に走る。だからといって休んではいられない。すぐに復帰し、投げた。あの時代のピッチャーは、マウンドにいることがエースの証明。ピッチャーもいちポジションであり、試合でマウンドに上がる以上はひとりで投げ切るのが当たり前だった。

高校生活最後の夏の大会が始まる。

どんな世界にもジンクスはつきものである。高校野球界にもいくつかのジンクスはあるが「選抜病」もジンクスのうちのひとつ。春の甲子園に出場すると、夏の地方予選を勝ち抜けないというものだ。他校からのマークがきつくなるとか、招待試合ばかりでチーム力アップの練習ができないとか、燃え尽き症候群になってしまうとか、原因はさまざまである。

選抜甲子園準優勝の二松学舎は、東東京でも早実に次いで注目の的であり優勝候補。

だが実際は、市原の肩肘痛、キャッチャー尾鼻の腰痛、四番上地の手首の痛みなど、怪我人続出で満足に戦える状態ではなかった。

トーナメント表を見ると、準々決勝で宿敵早実と当たる。それまでは負けられないと思い、市原は肩肘ともまともな状態ではなかったが、前に神宮球場に入ったとたんアドレナリンが出て肩の調子が良くなった経験上、大会に入ればなんとかなると思っていた。

二回戦、三回戦と順調に勝ち、あとひとつ勝てば宿敵早実だ。ただ優勝するというイメージはできなかった。他の選手たちを見ても勢いは感じられないし、優勝はどっか遠いところという雑然とした空気がチーム内に蔓延しているようだ。

市原はどん欲に勝ちにこだわっていたが、他の選手たちは「選抜病」ではないが選抜準優勝でどこか満たされていたように思える。甲子園に一回も行けない球児が大半の中、一回行けたという満足を含んだ逃げ道を知らず知らずに作っていたのかもしれない。

おまけに当時の東東京には、あの早実の荒木大輔がいる。その時点で甲子園四季連続出場の早実でさえ、準優勝が一回という成績。二松学舎は一回しか出場していないがその一回が準優勝。そう考えてしまうと、劣等感が希薄になりハングリーな気持ちも失せてしまった。

四回戦の足立（現・足立学園）。初回に2点を取られたが、

「別に慌てないでいけばいいや」

市原はあくまでも冷静を貫く。四番・上地がドン詰まりのホームランを打ち、ここから盛り返していけると思った矢先、追加点を取られ、気付いたら足立にまさかの1対4で敗退。

「え、本当に終わっちゃうんだ!?」

呆気ない幕切れだった。

高校野球最後の夏は一番大切な大一番なのに、選抜があまりにも衝撃的だったため、おまけになってしまった感がある。本当にもったいない夏だった。

青木にしてみれば、よくぞこの夏をここまで戦うことができたと逆に褒めたかった。選抜が終わり、市原をはじめ主力選手がこぞって故障し、満足にチーム編成ができない状態の中、夏の大

会に突入。夏の優勝は正直無理だと思っていたが、指揮官としてなんとか選手たちの戦意を喪失しないように努めるのが精一杯だった。

神宮球場のロッカールームで、試合を終えた選手に青木がミーティングを始める。

「ううう……」

青木の第一声は喉の奥から絞り出されるような嗚咽だった。100人近い部員がぎっしり集まるロッカールームにひと際響き渡り、選手たちの泣き声も加わる。

「とにかく、悔しい」

青木はやっとのことで声を振り絞る。ロッカールームの外には女のコたちがぎっしり詰めかけ、彼女たちも泣いている。ミーティングが終わってロッカールームを出ていくとき、ひとつ上の代のOBが市原たちを囲ってカバーし、

「ちょっと今日は勘弁してやってくれよ!」

それでも女のコたちは群がり、選手たちはモミクチャにされながらなんとか球場の外に出る始末だった。

一九八二年、夏の東東京都大会は早稲田実業が優勝し、荒木は五季連続甲子園出場という偉業を達成した。

テレビ、雑誌で何度も取り上げられている一九八二年夏の甲子園準決勝池田対早稲田実業。高校野球史において、エポックメーキングとなった一戦とも言われている。

荒木は、初回に江上光治にツーランホームラン、6回に水野雄仁（元・巨人）にバックスクリーンに飛び込むツーランホームランを打たれ、7回で7失点。今まで築き上げた実績もプライドも何もかも粉々に砕かれた荒木はライトへ下がる。代わった石井丈裕（元・西武）も満塁ホームランを打たれ、8回再び荒木がマウンドに上がる。

「うわっ、すげえ恥ずかしい」

経験したことのない羞恥心を感じて、マウンドに上がるのは初めてだった。レベルの差がこれだけあると、むしろコールドゲームにしてほしかった思いだ。再登板も行きたくなかった。他の選手たちも「コールドにならないのかよ」といった感じで、闘争心を完全に失っている。勝てないとわかっている以上、やる気が起こらない。池田は一生懸命にやっているから余計に差は開くばかり。ある意味、高校野球の惨さを感じさせられた。

「今まで俺らがこうやってきたんだな。最後には自分たちがやられたのか……」

甲子園に何度出ようと、結局ガムシャラに練習をした者じゃないと頂点に行けないことを教えられた気がする。

試合をしているときが、誰にも邪魔されず一番ホッとできる時間だった。甲子園で試合している間もずっとそうだった。その時間にずっと浸りたいがために、甲子園を目指していたのかもしれない。コーチや先輩たちがもう少し厳しく締めていたら、どうなっていただろうか。荒木はこの早実スタイルだったから五季連続出場でき、〝楽して勝とう〟をいい意味で最後まで貫いた。

それゆえなのか、荒木大輔の高校野球の最後は辱めを受け、惨めに幕を閉じた。

荒木大輔と市原勝人。

生き方も姿勢もまったく異なる二人。

高校時代は互いに両極端な野球人生を送っていたが、二人とも甲子園最後の試合は惨めなほど打たれた。それをバネにして、後の野球人生の糧として奮闘したところだけは同じである。

四回戦足立戦であっけなく敗れ、柏のグラウンドに戻った市原は、高校野球に別れを告げるつもりだった。

夏真っ盛りの夕暮れ、日中の暑さが少し和らいだものの、まだ空気は熱気を帯びている。

暖色の夕日がグラウンドをオレンジ色に照らしている中、市原は何を思ったのかひとりグラウンドに出て黙々と走り始める。

監督室で一息つきながら青木は帰り支度に勤しみ、何気なくグラウンドの横を通ると、そこにランニングをしている市原を見つける。

青木は慌ててグラウンドに入り、

「いいぞー、もう走らなくていいんだぞ」

市原は青木の言葉にすぐ気がつくが、なんだか寂しく思えて仕方がなかった。

いつもだったら、負けて帰ってくると「走ってろ!」と言われるのが定番なのに、それが今日はない。寂しさしか残らなかった。

「おい、もういいんだから」

青木が諭すように投げかける言葉が、「もうおまえの高校野球は終わったんだぞ」という意味に聞こえる。負けたことを頭では認識しているものの、身体はまだ理解していない。だからなのか、死んではいるものの現実を受け入れられない亡霊のようにグラウンドをただただ走り続ける。

「おい、市原！　もういいんだから」

青木は執拗に声をかける。

まるで「もうおまえ死んだんだから天国に行けよ」とでも言いたげに。

市原は、青木の何度も何度もかける言葉でやっと現実を受け入れようとするが、それでも自分の心の置き所がないため言葉を模索していた。そして、やっとのことで口を開く。

「いや、このあと上に行って野球をやるのでもう練習を始めます」

自分の心が収まりつかないことを悟られず、なんとか具現化して言ったつもりだ。そうでも言わない限り、収まりがつきそうもないからだ。

青木はただ黙っているしかなかった。

そして、一、二年生たちも合宿所から出てきて、走っている市原の姿をそれぞれ見つめていた。

泥で汚れたユニフォームのまま走る市原の背中には、夕日に照らされた木々の伸びた影が差す。

陽がゆっくりと陰り、蝉の鳴き声が静まると同時に田園風景に潜む蛙たちの声がうっすらと響き渡る中、市原はハァハァと息を切らしながらランニングをする。

どこに向かうともなく、ただ彷徨うかのごとく走るだけだった……。

第二章 哀切

史上最強　初芝清　辻貴裕

二松学舎史上最強チームと、各マスコミからもしきりに喧伝された世代がいる。

一九八四年（昭和五十九年）世代だ。丙午の年のため、各学校も例年より多めに生徒をとった年でもある。

一九八二年夏の甲子園優勝の池田高校の台頭によりパワー野球が注目されたことで、ディフェンシブ一辺倒の高校野球がオフェンシブに転換するきっかけとなる。個性がチームを引っ張っていく野球、スマートな名門校より荒削りの雑草集団のほうが強い、そんな時代にマッチするかのように一九八四年世代が現れた。

しかし、二松学舎の一九八四年世代は史上最強世代と謳われる一方で、我慢と悲哀を味わった悲劇の世代とも言える。

荒木大輔が卒業するとともに早実の王朝時代は終わりを告げ、代わりに帝京、関東一高がメキメキと力をつけ、東東京は新たな戦力分布図が構成される。

二松学舎はシニア、ボーイズ、はたまた中学校の軟式野球部からも有力選手たちが集まり、入学当時の一年生部員数は軽く100人超え。選抜準優勝の人気ゆえか、野球部未経験者も門を叩いた。

「ほお、ちょっと多いな、削らしてもらうよ」

先輩が呟くと、翌日から地獄の無限ランニングが始まる。十人辞め、二十人辞め……、夏前までに三十五人ほどになった。

市原たちの選抜準優勝世代が引退し、一、二年生主体の新チームにはピッチャー初芝清、キャッチャー辻貴裕、ショート磯田晴久、センター中村忠彦とセンターラインの四人は一年生がレギュラーを占めるなど、一年生たちがチームの屋台骨を担った。新しい時代の幕開けとなる。

「なんで俺だけ来てるんだろう……」

ずっと不思議でならなかった。

一九八二年選抜甲子園に、高校入学前のひとりの少年が選手たちと一緒に同行。決勝までの全試合をスタンドで観戦し、

「やっぱ、甲子園はいいな〜」

初めて生で見る甲子園に胸を熱くするのは、中学校の学ランを着た初芝清。後にロッテ一筋十七年間一軍で活躍し、通算1525安打、ホームラン232本、強肩強打の三塁手としてミスター・マリーンズと呼ばれ、幅広くファンに愛された。

一方、選抜甲子園準決勝の中京戦での勝利インタビューで、監督の青木が号泣している姿を目にして、

「ああ、こんな監督の下で野球ができるんだ〜」

胸が踊る気持ちでテレビを観ている辻貴裕。初芝とバッテリーを組み、史上最強世代の誇り高きキャプテン。

高校に入学する直前の二人は、それぞれ違う場所から選抜甲子園を見て勝手に思い焦がれる。

「な、なんだよ、騙されたよ」

容赦ない個人ノックで罵声を浴びせられ、辻は息を切らしながら吐き捨てる。

二松学舎野球部の練習の厳しさはある程度予想していたが、まさか青木がこんなにも激しくて恐ろしい監督だったとは夢にも思わなかった。

「どう読むんだ?」。中学時代は、二松学舎という校名を読めないほど二松学舎に関しての知識はなく、当然青木のことも知らなかった。ただ、テレビで甲子園に出ている二松学舎のユニフォームを見たとき「縦に入っている四文字のロゴがかっこいいな」。当時は、縦文字で四文字のロゴが入っているユニフォームなどなく、辻にはえらくまぶしく見えた。

辻は入学当初、171センチ96キロ。お情けで入れてもらった感じで、青木から言われたのは「三年間頑張れよ。太ってるから痩せろよ」だけ。太ってたらキャッチャー、太ってたらキーパーという図式が当たり前の頃だ。

市原の代が卒業し、新チームになっても辻はグラウンドにも入れずずっと球拾い。練習試合でたまたま先輩のキャッチャーがミスをし、青木が辻ともうひとりに「ユニフォームに着替えてこい」と告げ、急いで着替えて早く戻ってきた辻が代打に出される。

〝待て〟のサインが出るが、初めて見るサインをわかるはずもなく強振すると二塁打となり、次の打席もまた〝待て〟のサインが出るが二塁打を放つ。青木が辻に言う。

「試合の途中だけど、家に戻って荷物持って寮に入れ!」

辻は一目散に家に帰って、荷物をまとめて二十三時頃寮に戻ってきた。

次の日のミーティングで、青木が得意満面な顔で話す。

「なんで辻があそこで活躍できたかわかるか？　こいつはオープン戦といえども必ず俺の目線に入る。球拾いだろうと目立たなくてはいけない。俺を見てればサインだってわかるしな」

実は入学後すぐ青木から「俺が見えるようにアピールしなきゃダメだぞ」と言われた通りのことをしただけだが、球拾いだからずっと青木の視界の中にいることは不可能だし、サインを見ても全然わからなかった。辻は奇跡とも言えるほんの僅かなチャンスをものにして抜擢されたのだ。

期待の一年生たちの中でも初芝、磯田、市原（市原勝人の実弟）の三人は別格扱いで、入学してすぐに一軍候補のAチームに合流。初芝は三年のエース市原に付いて練習をする。高校野球の一年と三年は子どもと大人ほどの差があり、まともに話すこともできない。話せるのは、「はい」「いいえ」「存じません」の三言だけ。高校野球の上下関係の厳しさを目の当たりにする。

初芝が高校に入ってまずビックリしたのは、学校最寄りの九段下駅には市原目当てのギャル、大妻女子、共立女子、専修に通っている女子大生たちが大挙して待ち構えていたこと。

「す、すげえな～」

高校一年といってもまだ中学生に毛が生えた程度で、純粋に高校野球人気の高さに驚く。

初芝は市原から「ランニングフォームを柔らかく」と教えてもらった以外、別段何かを教わったことはない。ただ、練習に対して真っすぐで絶対に妥協しない市原の側にいるだけで、多くのことを学んだ気がする。

とにかく市原の走り込みが半端じゃなく、一時間三十分以上走り込むのは当たり前で、初芝は

「こりゃ、無理だ。付いていけない」と簡単に白旗を上げる。市原は暇さえあれば腹筋、背筋をやり、初芝は隙さえあればサボる。ちょっとでもサボっているのを見つかると強制的にやらされるため、うまく逃げ隠れしていた。市原の姿を見ると「ピッチャーは走ってなんぼ」だと痛感。走るのが嫌いな初芝は、別にピッチャーとしてのこだわりもなく打つのが好きだったので、上のレベルでは野手でやることしか頭になかった。

合宿所生活は多感な年頃にとってかなりきつい。中学まで自由気ままに生活していたのが、急に自由を奪われるからだ。ゴールデンルーキーの初芝といえども、他の一年生と同じように雑用をやらされる。練習が終わって食事をとり、それから洗濯やら掃除やらなにやらで就寝は大体午前一時過ぎ。起床時間は五時なので睡眠時間はいつも四時間未満。学校と寝るとき以外で唯一息抜きができる時間は、道具部屋でスパイク磨きをする二十三時から午前一時の間。その間は、同期の辻とかと一緒にグラブやスパイクを磨きながら、学校や恋愛のことを話すのが楽しみだった。

初芝は、青木の本当の厳しさを知る瞬間があった。

高校一年の秋季大会一回戦の堀越戦で、8回に初芝は右中間にツーランホームランを放つ。二松学舎はガッツポーズ禁止のため、初芝は一塁を回るときに下の方でわからない程度に一瞬小さく握り拳を作った。延長の末2対3で負けたあと、合宿所に戻り青木に突然呼ばれる。

「初芝、ホームラン打ったときに握り拳をしただろ。ああいうことをするから負けるんだ、きさま、わかってるのか！」

合宿所中に鳴り響くほどの怒号が発せられる。投打の大黒柱である初芝は、こっぴどくケチョンケチョンにやられる。

怒られながらも「よお、見てんな～」と初芝はむしろ感心した。遠目で見ていたら、絶対わからないほどの一秒にも満たない握り拳を見逃さない青木に、脱帽せざるを得なかった。

見ていないだろうと思ってやる甘さ、隙が勝負所でポカをする。何かを成し遂げようとするときは自分を律しなければいけないことを時には怒号で、時には身体でわからせようとするのが青木野球だった。


青木の野球は、いかに少ない点数で勝つ野球をするか。そのためにはゴロを打ち、機動力を駆使し、ケースごとのセオリーとその裏をかくといった戦術戦略をも用いる。また、ただ野球に勝つだけではなく、人間教育にも揺るぎない信念を持っている。

青木は一九四〇年（昭和十五年）、東京都港区広尾の呉服屋の跡取り息子として生まれた。日大三高では高校一年秋にマネージャーに指名され、高校二年で本格的にマネージャーに転身。日大に進み四年間マネージャーを務め、大学四年のとき、秋季大会から日大三高のコーチとなる。そして一九六三年末、冬の伊東キャンプで前任の監督・田口周の勇退とともに後継者に指名され、監督に就任。翌春の選抜甲子園に出場し、浪商（大阪）に2対7で初戦敗退。

就任三年目の一九六五年夏の都大会決勝で日大二高と対戦し、初回に2アウトから四連打で2点を取られ、そのまま2対0で敗れ、その責任を取らされ解任される。

恩師でもある宮井勝成（現・中央総監督、元・早実監督）からは「長崎海星に五年行ってこい。

それから日大の監督をやれ」と言われ、他にも鎌倉学園、東北高校など、多方面からいろいろな話を頂く。青木は実家の呉服屋を継ぐつもりでいたので、高校からの監督就任話は全部断った。

一旦気持ちを整理するために、三カ月の間ただ普通に高校野球を見ていると、ムクムクとまた野球の虫が疼いてきた。

「親父、俺どうしてももう一回野球をやりたい。三年間だけやらせてくれ」と頼み込んでなんとか承知してもらい、日大豊山への監督就任の話がまとまりかけていたときだ。先輩がやってきて「車に乗れ」と言われたまま連れていかれた場所が千葉県柏にある二松学舎のグラウンド。グラウンドと言えば聞こえはいいが、ただの広い野っ原で二十四、五人の野球部員が練習をしている。

「おまえ、二松学舎でやらないか?」

突然そんなことを言われても、青木は戸惑うしかなかった。

「二松学舎? 初めて聞く名前だぞ」

青木はそもそも二松学舎を知らなかった。

練習風景を何気なく眺めていると、何人かいい選手がいるのがパッと目につき、思わず話しかけてみる。

「君、なかなかいいね。将来楽しみだよ」

「僕は先生を知ってます」

「なんでだ?」

「先生に落とされました」

聞くと、日大三高のセレクションで落とされた子だった。他にも日大三高の教え子の弟がいたりと、何か縁を感じた青木は二松学舎に猛烈に興味を持ち始める。しかし学校側は経営難に陥っており、教員の人員整理をしている最中に青木を雇う余裕などない。

「甲子園まで出ているような方を雇えません。給料はもちろん出せないし無理です」

「では、グラウンドと野球部を貸してください。三年間は給料いりません。やらせてください」

「給料がいらないんでしたら、どうぞお使いください」

一九六六年（昭和四十一年）六月から、青木は二松学舎の監督に就任することが決まった。

その知らせを聞いたマスコミ関係者がどっと集まり、「本当に二松学舎でやるんですか」と責め立てる。その中でアマチュア野球界のドン的存在の早実ＯＢがダメ出しする。

「君、無理だよ。十年やったって甲子園なんて行ける学校じゃないからやめなさい」

「僕は意地でもこの学校でやりたいんです」

するとＨ刊スポーツの記者が、

「青木さん、みなさんが甲子園には絶対行かれないって言ってるのに、本当に行かれなかったらどうするんですか？」

「絶対に行きます。甲子園に行くまで俺は結婚しません」

勢いでつい言ってしまった。「日大三高では一年で甲子園に行けたんだから、三年もあれば行けるだろう」と高を括る。青木久雄二十五歳の春だった。

結局、甲子園に出るのに十四年かかり、その間ずっと独身を貫いた。

監督になってまず手始めにやったことは、選手集めの中学校廻り。一日十校は廻った。

「二松学舎ですか……、いや結構ですので」

門前払い。どこの中学校に行っても二松学舎なんぞ相手にされない。

日大三高のときは「青木先生、どうぞどうぞ」と歓迎されすぐさま校長室へ通してくれたのに、この天と地の扱いの差は何だ!? 世間の無情さを初めて知った。

就任一年目、夏の大会が終わると十七人しか部員がおらず、レギュラー以外はもう素人同然だった。試合で控えを代打に出すと、一球目ファウル、二球目空振り、三球目ストライク見逃しで三振なのにまだ立っている。

「おい、バッターボックス、バッターボックス!」

審判は、三振だからバッターボックスから出ろという意味で言う。

「はい、わかりました!」

それでもまだ立っている。青木はその控えの選手を手招きで呼ぶ。

「おまえ、もう三振だよ」

「いや、僕まだ一振りできます」

「だっておまえ、一球目ファウルで二球目は空振りだろう。そしたら三球目は何だったの?」

「ストライクです。だけど、ファウルがあるから大丈夫です」

これで甲子園に行くとは、よく啖呵を切ったものだと自分自身に感心する。

就任当初の野球部には荒くれ者が多かった。これはなにも二松学舎に限ったことではない。一九六〇年代末期は安保闘争により学生運動が盛んな頃で、若者は大衆に迎合するのを嫌い、常に社会に反抗していた。他校の野球部も有り余るエネルギーを発散する場がない若者がうじゃうじゃいた。二松学舎野球部は帝京、早実、習志野といった名門校からワケありで転入してきた者ばかりで構成されていた。いわば、アパッチ野球軍だ。

青木は野球部の勧誘を名目に生徒募集も積極的に行った。今まで受験時は定員を下回っていたのが、青木のおかげで定員オーバーの受験者数となり学校関係者も目を丸くする。早速、二年目から本採用となり給料も出るようになった。

就任した当初の野球部の環境はひどく、一ダースのボールと三本の竹バットしかない。試合用のユニフォームも日大三高の練習着より安価で質が悪い。これでは野球ができないと思った青木は、大学や社会人、プロに行っている後輩に頼んで、スパイク、グラブ、ミット、バットなどをもらう。

合宿所は、本来学校側が勉強するために作った施設だったがあまりに使う者がおらず、いつしか野球部専用のものとなる。

グラウンドの整備も自分たちでやった。まず草刈りをやり、土手作りも毎日生徒に「十杯やるまで帰さない」とノルマを決めて一輪車で土を運ばせ、三年かけて土手を作った。グラウンドにはベンチもなく、さすがに遠征に来る相手校に失礼なのでOBになんとかお金を出させ、三塁側にトタン屋根とベンチを作った。一塁側は、いらなくなった椅子とテーブルを置いてあるだけ。

そんな日々の努力の甲斐あってか、就任六年目の一九七一年（昭和四六年）に二松学舎が初めて夏の大会決勝に進む。相手は日大一高。

実はこの年の春先、青木は入院していた。酒を飲まないが勝たなくてはいけないという日々のプレッシャーから肝臓を悪くし、「一年間入院してください。野球も辞めなさい」と九段坂病院で診断を受ける。なんとか騙し騙し監督業を務め、夏の大会決勝まで進む。

二松学舎は初めての決勝戦で何もわからないため、決勝戦の応援等の打ち合わせも全部青木が仕切らなければならない。準決勝後、青年会のOBを集めては「おまえとおまえは浅草に行って団扇を買えるだけ買ってこい。グリーンと赤かな。二松学舎のうちわを作れるだけ作れ。それからおまえは大学に行って太鼓を借りてこい。それから四谷署に行って、勝ったらパレードがあるから許可をもらってこい」

陣頭指揮を終えたあと、青木は具合が悪いから帰ると告げ「あとはおまえら頼むよ」とだけ言い残して車に乗ったとたん意識が遠のく。目が覚めたら病院のベッドの上。院長が来て、

「明日は絶対に出てはダメです。死にますよ」

「わかりました。ありがとうございます」

青木はさっさと退院の準備をし、医者が止めるのも聞かず病院代を払って車を呼び、神宮球場に向かった。

試合が始まってベンチに座るやいなやゲーゲーと嘔吐を繰り返し、選手も怖くて寄り付かない。7点目を取られたときベンチの真ん中に座っていた青木の視界が急に開け、目の前のグラウンドがぶわーっと綺麗になっていく。

「あれ？　俺死ぬな」

　今までぼやけていたのが鮮明に見える。死ぬ前に綺麗なお花畑が見えるあれだと思った。しばらくして音が聞こえ出す。それまでは朦朧としていたため音も映像も全然わからない。どうやら負けたとたん、すーっとクリアな音が入ってきたようだ。人生が終わったと思ったら、試合が終わっただけで済んだ。

　それからしばらくは、医者の言う通りに身体に負担をかけないよう椅子に座ってサングラスをかけ、指示をメモに書いて指導をしていた。


　二松学舎出身のプロ第一号といえば問矢福雄。青木が就任して四年目の一九六九年ロッテからドラフト四位指名。

　問矢も早実を辞めて二松学舎に転入してきた口だ。早実を辞めて実家で働いていたのを早実OBが不憫に思ったのか、青木に「面倒みてあげてくれませんか」と連絡する。青木は早速実家に出向き、問矢に野球を一緒にやらないかと誘うが頑に野球はやらないと拒否。

「野球なんかどうでもいいから学校だけは出ておけ。あとで学校を出たことが生きるから。お兄さんたちみんな高校を出てるんだから、おまえだけ出ないのはなんだしさ」

　問矢をなんとか説き伏せ、二松学舎の野球部に入れる。

　最初は「いいからおまえは歩いていろ」と外野を歩かせ、そのうち土手を上り下りさせ、基礎体力をつける運動を一カ月間やらせた。夏になると練習がきついと言って逃げ出しては捕まえる、また逃げ出しては捕まえるの繰り返し。

こうした青木の身体を張った指導と熱意を感じ取り始めた問矢は、真剣に野球に打ち込むようになる。182センチ、84キロの巨漢を生かした大型の左バッターとしてプロのスカウトの目に留まった。問矢がプロになったことで、二松学舎の名が広まったのは言うまでもない。

二松学舎が初めて甲子園に出た一九八〇年選抜の中軸打者の白幡隆宗。西武、巨人、大洋と渡り歩き、勝負強いバッティングで活躍。

高校一年春からショートのレギュラーとして活躍し、華麗なプレーをする内野手だったが、夏の練習中ダイビングして骨盤を打ったせいで俊敏な動きができなくなり外野に転向する。白幡もまた複雑な家庭で育った。甲子園にも出て東京都では豪打をほしいままにした白幡を、青木はなんとかプロに行かせたかった。

青木は当時西武の編成・管理部長をやっていた日大三高OBの根本陸男（元・広島監督　故人）に頼み込んだ。根本といえば、広島、西武、ダイエー（現・ソフトバンク）の基礎を作り、黄金時代を築いた「球界の寝業師」と呼ばれた男。

「根本さん、申し訳ないんですけど、白幡をテスト生でもかまいませんので西武で獲ってもらえないでしょうか」

「おめえが頼むんじゃあな。わかった、獲るから」

根本は二つ返事で返す。青木にとって根本は大層可愛がってもらった大先輩。

根本と懇意になったきっかけは、青木が日大三高の監督になって一年目の一九六四年の選抜に行ったときのこと。

試合前日だというのに日大三高OBの御歴々の方がたくさん集まり、日大三高初代の監督であり近鉄初代の監督、そして法政の監督まで務めた藤田省三が明日の試合について論じ始め、さらに前監督の田口周も講釈を延べる。大勢集まった中の一番端に根本も座っていた。二時間ほどの喧々囂々たる講演会が終わりやっとのことで部屋を出ると、根本の呼ぶ声が聞こえる。

「おい、青木来い」

「はい」

「今たくさんの偉い人からいろんなこと言われたけど、おまえが野球やってるんだからな。負ければ三高なんかすぐ首なんだから、選手が納得いくようにおまえがやってきた野球をやりなさい」

「はい、ありがとうございます」

青木はお礼を言う傍ら「この人は違うなぁ」と感心し、それ以来根本を敬愛している。

白幡の入団のいきさつにはまだ続きがある。

青木は根本に契約金について話をする。

「お願いついでで申し訳ないんですが、契約金百万円だけ出してもらえないでしょうか」

百万あれば背広も靴も一式買える。それだけは揃えてあげたくて青木は根本に頭を下げた。

「わかった」

根本は黙って了承する。

そして、契約時に再び根本の所へ赴く。

「おい、早く来い」

小切手をもらう青木。

「ありがとうございます」

部屋を出て小切手の金額を確かめてみると、なんだかおかしい。何回確かめても百万じゃない。0がひとつ多くて一千万。「あ、これは大変だ、根本さん間違えてるんだ」と思い、慌てて部屋に戻り、

「根本さん、間違えてますよ」

「ん？　おまえの教え子に俺がそんな銭を出せるか。遣ってやれ」

青木は根本の心意気に胸を打たれた。

そんな二人のやりとりを見ていた白幡も恩を感じずにはいられず、二人のためにもプロで活躍することを誓い、ガムシャラに練習を重ね、短期間ではあるが一軍で活躍することができた。


一九八四年世代の高校二年の秋季大会は、準々決勝で日大一高に2対5で敗れる。選抜甲子園の目はなくなったが、選手たちは次の目標に向かって走り出す矢先のことだった。

負けた翌日、いきなり部員全員が空き教室に呼ばれる。何だろうとさほど気にせず、各自教室に入り机の椅子に腰掛ける選手たち。全員が揃ったところで青木が現れ、

「全員いるか」

教壇に立って見渡す。そして、ひと呼吸置いてから静かに口を開く。

「実は、来年から日大三高に行くことが決まった」

教室内の空気が一瞬、凍り付く。

「ガタッ」

椅子が教室の床に擦れる音。

「それは決定なんですか？」

キャプテンの辻は、焦燥を隠せぬまま立ち上がって言う。

「うむ、すでに決定だ」

青木は断腸の思いで答える。

「次の監督はすでに決まっている。その監督の下で頑張ってくれ。おまえたちは絶対に甲子園に行けるから」

その監督の下で頑張ってくれ、おまえたちは絶対に甲子園に行けるだと……、何を他人行儀に言ってんだ!? 甲子園に連れていくのはあんただろ。選手たちは青木が何を言っているのか意味がわからなかった。いや、わかろうとしなかった。

自分たちの代の新チームになって、最初の公式戦である秋季大会は準々決勝で敗れたが、最後の夏こそ悲願の甲子園へと新たなる目標設定を立て、意欲が漲っている中での監督辞任という出来事。選手たちの中で大きな衝撃と動揺が走る。茫然とした表情で椅子に座っている選手たち。教室内は重苦しい空気が充満しているようだった。

「キーンコーンカ〜ンコ〜ン〜」

古びたチャイムの音が、教室内に微妙な振動を与えながら鳴り響く。

時間にしてほんの数分なんだろうが、永い永い時が刻まれた感じだ。ようやく状況が飲み込み始めようとしたとき、各々が同じ言葉を脳裏に浮かべる。

「見捨てられた……」

喪失感が身体中を駆け巡ると同時に、人知れず寂しさだけが残り、選手たちはただうなだれる。

教室内は秋風が通り抜けているかのように冷たく、切なさと侘しさが虚しく漂うだけだった。


秋季大会が終わって十二月から二月までの冬のトレーニングは、個人の技量を上げる意味でも大切な時期。ひと冬越すことでどれだけ成長するか、この期間での練習がどんな重要性を持っているかは言うまでもない。

青木の突然の辞任発表から翌日、グラウンドに選手の姿はない。以前青木の下でコーチをやっていた瀬尾勝義が後任の監督に決まっているとはいえ、十二月から翌年の二月まで監督不在という状況下で練習しろと言われても、ショックが大きい選手たちは当然練習へのモチベーションが上がるはずもない。一応コーチがグラウンドに来てはいるが、合宿所に籠って筋トレをやっている者もいれば、サッカーをやって遊んでいる者など、各自バラバラの状態。

キャンプテンである辻は、他の選手たちの好き勝手な行動を見て「このままじゃダメだ」と、ジレンマだけが大きくなっていく。

この窮している事態を重く見たOB会長が辻を呼んで現状を聞く。

「今、どうなっている？」

「現状はみんなバラバラで最悪です。辛いです。辞めたいほどです。誰も何を言っても瀬尾さんの下では無理だって言っています」

ただ窮状を訴えるしかなかった。

結局、十二月からの二カ月間、まともに練習をせずただ時間のみが過ぎていった。

二月下旬から瀬尾がグラウンドへ来るが、誰も瀬尾のことを監督と認めようとしない。

辻はキャプテンとして、「監督、監督」と言ってコミュニケーションを積極的にとるが、辻以外は誰も〝監督〟と呼ばない。辻にとってこれが一番辛かった。だからといって大会は待ってくれない。

四月、春季大会が始まる。

満足に練習をしていなくても、地力のある二松学舎は順調に勝ち進み、準々決勝で日大三高と当たる。

神宮球場の一塁側ベンチが二松学舎、三塁側ベンチに日大三高。

二松学舎のノックが終わり、ベンチに戻る選手たち。そして、日大三高のノックの時間になったときだ。どこかで見たずんぐりむっくりの親父がベンチの奥から出てくる。

二松学舎ベンチ内に稲妻のような衝撃が走った。

「青木先生だ!!」

ノックバット片手に、日大三高のユニフォームを着た青木がノックを始めようとしている。

二松学舎の選手たちは、思ってもみない光景に固まってしまった。ちょっと前まで自分たちと寝食をともにし全身全霊で教えてくれた青木が、今は違うユニフォームを着て目の前に立っているではないか。まるで、自分のお母さんが違う家の台所で料理を作っているような感じとでもいうのだろうか。

そんな選手たちの心境を知ってか知らずか、無情にもプレイボールのコールが鳴る。

マウンド上の初芝は、日大三高のベンチを見て青木を探す。

「あれ、いない。どこだ？」

キョロキョロ目をやると、日大三高ベンチの上に青木がいる。

「あ、いた……」

初芝はなんだかやり切れない気持ちになったまま試合が始まる。

青木はユニフォームを着てノックはしたが、二松学舎のことを思うとさすがにベンチには入れなかった。

日大三高の攻撃、ランナー三塁。

辻は日大三高のベンチの動きを見る度に、ベンチの上でサインを出す青木が視界に入る。

「えっ!?」

辻は目を凝らした。どう見ても二松学舎にいたときと同じスクイズのサイン。

「どうしよう……、ウエストしていいのか……」

辻の頭の中はいろいろなことが目まぐるしく回る。激しい葛藤が襲う。

「カーブをワンバウンドでいいから」

カーブを要求するが見事スクイズを決められ、結局2対3で負ける。

瀬尾が監督に就任してもまとまらず、おまけに日大三高との試合で恩師青木と会い、選手たちの気持ちはますます揺らいでいった。

春季大会が終わり、合宿所に戻って選手間でミーティングを始める。

「どうするよ？　ここでまとまらないなら俺は辞める」

辻は決死の覚悟で言うが、

「瀬尾さんの下じゃ嫌だ」

「俺たちだけでやればいいんだよ」

選手たちは各々勝手なことを言う。どうにもこうにもまとまらない。

またしばらくして、瀬尾がいないときに合宿所で選手間ミーティングをやるが、またもや選手たちが勝手なことを言い始める。

「わかった。俺は辞める。今から九段に行ってくる」

降りしきる雨の中を飛び出した辻の後を、三人の同期が急いで追いかけてくる。

「おい、無茶言うな。とにかく戻れ」

「うるせーな、離せよ」

「辻、落ち着けって！」

「てめえらだけで勝手にやれよ」

破れかぶれになっている辻を、なんとかなだめて引き戻した。

智将青木から監督を引き継いだのが、まだ二十七歳の瀬尾勝義。もともと一九七四年に夏の東東京都大会決勝進出したメンバーで、大学三年から青木の下でコーチをやり、一九八〇年の選抜初出場のときはコーチとして辣腕を振るう。恩師である青木から「二年間よそに行ってちゃんと教鞭をとってこい」と言われ、一九八二年から拓大紅陵へ二年間赴任。そして青木退任とともに戻ってきた。

青木野球を存分に叩き込まれた選手たちが、青木という精神的支柱がいなくなったことで心のバランスが崩れかけている。さらに選手たちは、青木野球がなんたるかを頭ではわかっているものの、身体が付いてこれないというジレンマにも陥っている。

瀬尾はこの状況を鑑みて熟考したあげく、あえて突き放すことにした。新任の自分が何を言っても聞くはずがない。自ら考える時間を与え、自由にさせたのだ。

春季大会が終わってから紅白戦ばかり繰り返し、あとは自由にやらせた。六月第二週までにチームを固めておかないと夏の大会には間に合わない。選手たちを自由にさせる分、瀬尾にとっては我慢の連続だった。

初芝、辻がいるものの、もうひとりチームをまとめる選手が必要と思った瀬尾は、レギュラー外の三年生に「補欠とパイプある奴って誰だ？」と片っ端から聞き、皆が「戸張です」と答えるとすぐに戸張誠を呼んで「学生コーチをやってくれないか」と話す。戸張が学生コーチとしてある程度自由の幅を持つことで、チーム内の不協和音を抑えることができた。

練習試合においては、新チームになってすぐの静岡遠征で初っ端に日大三島に負けたが、それからは、拓大紅陵、東海大浦安、農大二高、上尾、東海大相模など近隣の甲子園常連校とやっても連戦連勝。勝ち方もコールド勝ちが多かった。

「こんな野球をしているチームは見たことない、まいった」と各強豪校の監督たちは舌を巻く。

まだ青木が監督の頃、選抜甲子園に前年度の準優勝旗を返還しに行くついでに大阪遠征をし、PL学園、智弁学園、村野工業と練習試合をし、すべて撃破。PL学園にいたっては、「PLに凄い一年生が入ってくるらしい」という噂を耳にするが、そんなの関係ねえやと言わんばかりに打ちまくった。桑田清原のKKコンビが入学する直前のことだった。

甲子園に出場している強豪校と練習試合をやって負けなしだった二松学舎が、唯一歯が立たなかった高校がある。それこそ、一九八四年夏の甲子園決勝で、桑田清原のPL学園を破って優勝した取手二高だ。

「青木さん、今日は宜しくお願いしますっぺね」

独特の茨城弁のイントネーションで話す木内幸男。

『木内マジック』で取手二高、常総学院で甲子園に旋風を巻き起こし、甲子園通算40勝19敗、夏二回、春一回優勝している名将。当時はまだまだ全国的には無名で、青木野球を信奉し「二松に勝てないと甲子園に行けねえっぺ」と、定期的に柏のグラウンドに来ては練習試合を行った。

練習試合で負けると、すぐに翌週の再戦を申し込み、

「青木さん、ちょっとグラウンド借りていいっぺか」

グラウンドの隅っこを使って、練習試合で露呈した弱点部分を矯正する練習をする。そうなると、二松学舎も黙っているわけにはいかない。

「よし、ランニング始めろ」

青木が号令をかける。

「ええええ、またかよ」

選手にとっては、試合に勝ったのにまた練習させられる辛さ。

また、二松学舎が初回に大量点を取ると、

「青木さん、ちょっとタイム！　もう一回最初から」

強引に試合を振り出しにしてしまうこともしばしば。

木内はわがままだったが、言ったことは絶対守るという律儀な一面も見せた。

そんなこんなで、木内がいた取手二高と常総学院とは毎年定期的に練習試合をやっていた。

当時他校のグラウンドへ行くと、グラウンド脇にあるプレハブからいつも白い煙がモクモクと上がり、アップする時間になるとそのプレハブから数人の選手たちが出てくる。また、ある強豪校のグラウンドへ行く途中に、パチンコ屋から出てくる顔見知りの野球部員と遭遇。

「おお、何してんの?」

「今から学校！」

これくらいのびのびやらないと甲子園には出られないのか、と二松学舎の選手たちは思ったものだ。

別の学校ではグラウンド整備はトンボを使わず、選手が平気でトラクターを運転してグラウンドをならす。当時はインターネットによるリアルタイムでの情報の収集や交換がなく、首都圏にもまだまだ牧歌的な風景が残っている時代だからこその話なのかもしれない。

十六〜十八歳という最も多感な時期での合宿所生活といったら、もういくら話しても話し足りないほどの逸話がたくさんある。

当時の合宿所には、春夏の大会前、冬の合宿といったときには多くのメンバーが入るが、『常時合宿』といって基本ベンチ入りメンバー候補の十五人強しか入れなかった。

五十畳と十二畳の和室に、六畳の洋室の造りで、五十畳の和室に全員で雑魚寝をする。朝は、キャプテンの「起床！」という号令がないと、起床時間が過ぎていても下級生は起きることができない。

夏の夜なんかは、クーラーもなく網戸も破れているため、窓を全開にしていると五十畳の和室はいつも蚊の嵐。そのため蚊取り線香をたくさん焚いて寝るのだが、朝起きるとボヤのように煙だらけで、身体中が蚊取り線香臭くてたまらない。

こんなこともあった。ある夜、蚊取り線香の火が布団に燃え移り、蚊取り線香の煙なんだか布団が燃えている煙なんだかわからず寝ていると、さすがにマネージャーが異変に気付き、

「おい、布団に火が移ってるぞ」

それを見て慌てたキャプテンが「起床！」と叫び、下級生の初芝、辻以下を含め全員が飛び起きた。布団に火が移って間もないため二、三人の処置でよかったのに、なぜか全員で消火作業に入る。他の三年生たちは、

「おい、夜中の二時じゃねーかよ！　ふざけんなよ」

キャプテンにやんややんやの罵声を浴びせたのは言うまでもない。

風呂に入るときも下級生は安心して入ることはままならない。一年生が風呂に入っていると、二年生がジャージ姿で突然乱入してきて、

「よーし、湯船に腰まで浸かれ。今から動いた奴はぶっ飛ばすからな」

アダルトな本を観音開きにして順次見せていく。なぜか決まってぶっ飛ばされるのは初芝だった。また夏になると、上級生が言う。

「泳いできてもいいよ。その代わり全裸でな」

下級生は急いで全裸になって、合宿所から少し離れたところにある姉妹校の二松学舎沼南（現・二松学舎柏）のプールまで走っていく。当然無断でプールに入るものだから、ときおり守衛に見つかり全裸で逃げまくる。もう毎日がサファリパークだ。

下級生だからといって耐え忍ぶだけではなく、どこかでガス抜きをしなくては精神衛生上良くない。

練習が終わり、夕暮れ時の田舎道を歩いていると、田園地帯の中にある学校から500メート

ル離れたところに、『吉野家』という酒屋が一軒だけあり、そこでこっそりアイスを買って食べるのが下級生にとって至福の時だった。

だが見つかったらぶっ飛ばされるどころの話じゃない。下級生の辻たちはこっそり買って「うめえなー」と暗くなった田舎道を歩いていると、前からライトを点けた車がやってくる。こんな田舎道を車で通るのは青木しかいないと思った辻たちは「ヤベっ!」、アイスを片手に学生服のまま畑にダイブ。

「ブウウウウゥゥゥンンン〜」

車が通り過ぎると、

「ちげーじゃねーかよ!」

畑の中でドロだらけの辻たち。もちろん、アイスはどっかに吹っ飛んでいる。

基本、青木は合宿所で一緒に寝泊まりしているが、たまに外泊するときには上級生から命令が下る。

「おい、今から監督室に行って取ってこい」

上級生が欲しいと思う食べ物や品物をちょこっとだけ拝借してくると、

「よくやったな、でかした」

先輩はふうーーと息を吐きながら、このときばかりは褒め言葉をかける。

先輩からの命令なんて本当に意味がないことばかりで、いわば人生で初めてぶつかる理不尽の壁。まともに聞いて過ごしていたら、誰だっておかしくなる。それをいかに要領良くやるかで生き抜く知恵を毎日磨くのだ。

育ち盛りの選手にとって、合宿所の飯も練習のうちのひとつである。

合宿所では料理を作ってくれる、いわゆる寮母さん的な人が常駐しており、朝は基本納豆とご飯に生卵とみそ汁、昼は弁当、夜は食事を作ってくれるという毎日。

この頃の合宿所での料理は揚げ物がとにかく多かった。どんな素材でも揚げてしまうのだ。ある朝、イワシの丸干しを買ってきて揚げるのだが、中身は生焼け。ひとり三匹がノルマなのだが上級生は食べず、代わりに下級生がアザラシのように無理矢理飲み込む。

「ごちそうさまでした」

言ったとたん、下級生はトイレに駆け込む。

昼の弁当が豪華な日は、昨夜のおかずの残り物が入っているときだけ。基本は、菜っ葉とおからだけ、はたまた豆腐一丁だけ。

「豆腐だけ？　どうやって食うんだよ……」と悩んでいると下級生がトコトコとやってきて、

「おばさんがこれを持っていけと言われましたので」と醤油を渡される。

たまに弁当に天ぷらが入っていると、「やった、天ぷらだ、食える」と大喜び。丸い天ぷらなので「芋を入れてくれたんだ」と必要以上に感激しながら食べると、

「ん!?」

なんか食感がおかしい。食べた箇所を見ると、なにやらオレンジっぽいものが出ている。

「なんだ、これ?」よく見るとオレンジソースであることが判明。ビスケットを天ぷらにしてあ

ったのだ。

合宿所に帰って選手たちが一斉に言う。

「おばさん、ビスケットが天ぷらになってたんだけど」

「そうよ。あたしが貰ったものだけど、食べないから天ぷらにしたのよ。何か悪い？」

空いた口が塞がらなかった。

「食えるかよ……」

もう呟くしかなかった。

弁当を見ると、野球部員はみんなナーバスになり、食べずに教室のゴミ箱に捨てる。ある日、クラスの学級委員から「なんかゴミ箱が臭いんですけど……」と苦情が来るなど、クラスにとっても野球部の弁当はある意味恐怖でもあった。

夏場の七月中旬から三十八泊三十九日の夏合宿が始まり、そのうちの二十日間は練習試合で遠征に行く。遠征の大半は、昼食用として新聞紙に包まれたおにぎりを持たせてくれる。昼になって新聞紙の包みを開けると「おお～ごま塩のおにぎりかよ」と思ってよく見たら新聞の文字だったり、もう笑うしかない。このような素晴らしいおにぎりは、前日の夜に作って冷蔵庫にも入れないまま放置しているので、一口食べると糸を引いていることが多かった。当然上級生は食べない。もちろん、下級生がひとり五個も六個も食べることになったのは言うまでもない。

朝に出る卵にしても、殻を割っても一度として卵黄が丸くなっているのを見たことないし、夏場でも卵が外に出しっぱなし。調理場から煙を見たこともなく、本当にないないづくし。

一度、日大三高との練習試合で、日大三高の寮のご飯を食べたときの美味しさといったらありゃしない。「だから甲子園に出れるんだな〜」と一同、妙に納得した。

二松学舎の寮でのご飯で一番美味しいのは、朝に出る納豆と卵をかき混ぜてご飯にかけて食べること。中には納豆が食べられない者もいたが、毎日これだけ愉快なご飯が出ると次第に嫌いな納豆だって食べられるようになる。やがては納豆を美味しく感じてくるから不思議だ。

合宿所の天ぷらを食べて思ったのは、素材不明の天ぷらを恐る恐る食べるよりも、嫌いな物を嫌いな物として認識して食べたほうがどれだけ美味しいことか。

あるプロ野球の名選手が〝まずは内臓から鍛えろ〟と言っていたが、確かに鍛えられた。

いよいよ一九八四年最強世代にとって、最後の夏の東東京都大会が始まる。

ダントツの優勝候補である二松学舎は、三回戦の正則学園に7対1で危なげなく勝ち、次の準々決勝の相手は、〝ひょうきん軍団〟の異名で一九八四年春の選抜甲子園で優勝した岩倉。春季大会では早々と敗退したためノーシードの岩倉は、二松学舎と同じブロックに飛び込んできた。それでも、エース山口重行（元・阪神）と主砲の森範行（元・日本ハム）を擁する岩倉は、今大会注目の一校。

岩倉は、当時では珍しい自由奔放な野球で全国の頂点に立つ。だが、二松学舎にとって岩倉は要注意というほどでもなかった。選抜で優勝したけれど、春季大会や練習試合のデータを見ても岩倉はチーム力が上がっておらず、世間が騒ぐほど眼中にはなかった。

強打岩倉に対し、細かいことをやっていたって勝てない。とにかく好球必打でドンドン攻めていくしかない。瀬尾は前任者の青木とは正反対の手法をとる。

それまで二松学舎の野球は、1ボール1ストライクまで待って配球を見ながら、ボールが先行すればサインを出すという野球スタイル。だからこそこの試合はウエイトをしなかった。ウエイトすると、二松学舎の選手たちはじっくり球筋を見るのではなくボーッと見てしまう。だったら「初球から好きな球が来ればいけ!」という指示のほうが思い切りは出る。

キャッチャー辻には「同じ球を二球続けるのを絶対に避け、インコースを見せ球にしたりしてアウトコースを要求して、左右に振っていけ」という指示を出す。

初回に岩倉の先頭打者宮間が三試合連続のホームランで先制。3回にも森の二塁打で2点。4回終わって3対0、岩倉の楽勝ムードが広がる。

5回の攻撃に入る際、シュンとしていた辻を捕まえて瀬尾は言う。

「いいんだよ辻、ホームランさえ打たれなければ、ヒットは何本でも打たれてもいい」

そして、ベンチ前でみんなを集める。

「岩倉に3対0、十分だよ。ホームランで大量点を取られるよりいい。あいつらはホームランでしか点を取れないからな」

瀬尾は選手たちを鼓舞する。

「振り切らないでいいから、おっつけていけばいい。きっちり叩け!」

瀬尾の言葉で気が楽になったのか、持ち前の打線が爆発し、5、6回で8安打7点。逆転打を放った一番・巻渕に「早すぎるぞ、おまえ長打打つの！」と瀬尾が満面の笑みで言い、選手たちにも笑顔が広がる。勢いは完全に二松学舎。

だが、〝ひょうきん軍団〟の岩倉も黙っちゃいない。

6回表、二松学舎が逆転したあと、ファーストゴロでエース山口がファーストカバーに入り3アウトを取ってチェンジで戻るとき、頭に血が上っている山口は、守備につこうとする二松学舎のファースト市原のみぞおちにボールを投げつける。

「なんじゃ、おら！」

二松学舎のベンチは一斉に声を荒らげ立ち上がる。

二松学舎応援団も「ふざけるんじゃねーぞ、このやろー！」と沸きに沸く。

一塁審判がとっさに「おまえらー！」と場を沈めて事なきを得たが、まさに一触即発状態。プロ野球の乱闘シーン一歩手前。〝ひょうきん軍団〟の岩倉だからといって、さすがにひょうきんすぎた。

7対3と二松学舎4点リードで迎えた7回裏、森のスリーランなどですかさず同点に追いつく。さすがは強打岩倉。簡単には勝たせてくれない。

8回表二松学舎の攻撃。ベンチに座っていた瀬尾が動き出し、初芝の後ろから耳元にボソッと話しかける。

「そろそろ、こういう場面でホームランが出るとガラッと変わる。ホームランってそういう威力があるんだよな」

2アウト一塁で初芝に打席が回る。初球を思い切り振り抜き、右中間にツーランホームラン。まるで暗示にかかったようなホームランだった。

9対7という乱打戦を制し、二松学舎は選抜覇者の岩倉を破る。

準決勝は、後に永遠のライバルとなる帝京。ただこのときの帝京は翌年を睨んだ一、二年生主体のチームで、二年生ピッチャーの小林昭則（元・ロッテ　現・帝京第五監督）は、「正直、二松学舎に勝てるわけねーよな」と思っていたほどだ。

今では考えられない試合展開となり、二松学舎が10対0の5回コールド勝ち。ただ打線爆発というわけではなく、フォアボールからのラッキーヒットなどが続き、相手が勝手にこけてくれた。前代未聞の準決勝での5回コールドは戦後初という、帝京にとっても不名誉な記録を作った試合だった（実はこの勝利から二〇一四年までの三十年間、公式戦で二松学舎が帝京に勝ったのは二回のみ）。

帝京のロッカールームで、監督の前田の怒鳴り声が響く。

「俺が今まで積み上げたものを今日一日で壊しやがって！」

前田三夫三十五歳、ここから高校野球界を揺るがす鬼と化していく。

岩倉、帝京を破り、もうあとは優勝しかない。誰がどう見ても勢いは二松学舎。

しかし、よもやの雨天順延。この雨がどっちにとって恵みの雨になるのか。非常に大きい一日でもある。日程通りにやりたかったのは二松学舎のほうだった。岩倉に乱打戦で打ち勝ち、帝京には5回コールド、「よーし、やるぞ！」とノリノリで神宮球場に乗り込み、先攻後攻のジャンケンまでしたあとに雨天中止の決定が下る。意気込みが削がれた気がした。

一日順延し、完全に雨雲が消え夏空が広がる中、決勝戦の日大一高との試合が間もなく始まろうとしている。

試合直前、公式戦用の洗い立てのユニフォームを着た辻がトイレで用を足していると、隣にいた男性がいきなり、

「初芝の父です」

「え!?」

辻は突然のことでわけがわからなかった。

ただそれだけを言い残して去っていった。

「頑張るように伝えてください」

初芝の父親は死んだと聞かされていたが……、高校野球だからこその人間模様が垣間見える一幕だった。

日大一高は前年の秋季大会の準々決勝で対戦し、2対5で負けている宿敵の相手でもある。エースの渡辺英樹はスライダーを得意球とする技巧派。当時は高校生でスライダーを投げるピッチャーがいないため、どうしても打ちあぐねてしまう。攻略はいかにスライダーに手を出さず、球数を投げさせて甘い球を打つかにかかっている。

試合は5回までゼロゼロの膠着状態だったが、6回表日大一高の攻撃、一番打者の打球がピッ

チャーを襲う。

「カキーン、ガシッ！」

初芝の右肘に当たり、強襲ヒットで出塁。

「おい、大丈夫か？」

キャッチャー辻が駆け寄る。

「うん、大丈夫、大丈夫」

ポーカーフェイスのまま初芝は気丈に振る舞う。ランナーを出したものの難なく無得点で切り抜ける。

だが、右肘に打球が当たった代償は大きかった。

痛みが走って変化球が投げられない。ストレート主体のピッチングを強いられる。完全に肘が腫れているが、代わる気などなかった。青木から「いくら苦しくても顔に出さずにいけ」と教えられ、必死に耐えて痛みを我慢した。

そして0対0のまま抑えた8回表日大一高の攻撃。2アウトからフォアボールで出塁、次の打者にライト前に運ばれ、一、三塁。勢いは止まらず、トップバッターに戻りヒットを打たれ1点が入る。さらにダメ押しに右中間を抜かれ、この回3点取られる。

初芝はマウンドを降り、レフトへ退いた。

最終回、先頭打者の初芝はレフトスタンドに入るホームランを放ち、1点を返す。だが二松学舎の反撃はここまで。絶対に甲子園確実と太鼓判を押された史上最強のチームだったが、あと一歩のとこで手が届かず。

「あ〜あ、高校野球が終わったか……」

他の選手たちが崩れ落ちるように泣いているのをよそに、初芝は涙一粒も出なかった。

準優勝旗を授与され、無感動な閉会式が終わり、ロッカーで荷物の整理をしバックを持って俯きながら球場を出ると、多くの人で賑わっている。

「よく頑張ったなー」

ＯＢや関係者たちが温かい声をかける中、初芝がふと顔を上げると視線の先には、青木が立っているではないか。翌日、西東京の決勝があるというのにわざわざ観に来ていたのだ。

初芝は青木にゆっくり歩み寄り、

「先生、申し訳ありませんでした……」

言葉を発したとたん、涙がとめどもなく溢れ出た。初芝は嗚咽を我慢しながら頭をただただ下げている。

青木はうんうんと頷くだけで何も言わず、初芝の右肩に手をそっと乗せた。

第三章 誤認

二松学舎女生徒　斉藤真澄　奥野康子

見た目が今どきの〝洋〟なイメージの斉藤真澄と、黒髪が似合う〝和〟を纏った奥野康子が予備校をサボってまで神宮球場に行くのには訳があった。

一九九二年七月二十八日、二松学舎の野球部が八年ぶりに夏の東東京大会の決勝まで進んだので、その応援をするためだ。

十日前に梅雨明け宣言が発表され一気に夏が到来。神宮外苑は夏特有のじわ～っとした熱気で溢れ返っている。

真澄は大の高校野球好き。高校を決めるときも、野球が強くて共学で偏差値もそこそこあるのが第一条件だった。高校案内のパンフレットに〝野球部は選抜甲子園で準優勝〟と書いてあったのが、二松学舎を選ぶ決め手となった。

クラスの中に野球部員が何人かいたため、野球部の大変さはわかっているつもりだ。野球部は、午前中の授業が終わったら九段下から電車を乗り継いで柏のグラウンドに行くため、午後の授業が受けられない。頑張っている野球部員の代わりに午後の授業のノートをとったりしている。

授業中、野球部員が居眠りをしていても先生は素知らぬふり。野球部は特別なんだとあらためて思う。

「野球部ってさ、女子と話すと先輩に殴られるって話よ」

面白半分で話す女子がいると、チャチャを入れたくなる。

「なんにも知らないんだ。野球部って本当にきついんだから。まあいいけどね」

心に秘めながら、野球部の試合には欠かさず応援しに行った。

その野球部がどんどん勝ち進んでいっても、学校側から「応援に行きましょう」という呼びかけもなく、自分たちで新聞を調べて試合会場まで足を運ぶ。

そして、ついに夏の東東京大会決勝に進出し、これに勝てば甲子園。真澄は嬉しくてたまらなかった。友だちの康子を誘ってワクワクしながら決勝の地・神宮球場に行くと、

「あれって……」

神宮球場の入り口付近で、縦縞のユニフォームを着た厳つい集団が歩いてくるのが見える。いくつもの大きな塊が、脇目もふらずズンズン歩いてくる。そしてすれ違うときに思わず、

「デカッ！」

すかさず、

「これじゃ勝てないわぁ」

身体の厚み、腰からお尻にかけてプリッとした丸みを帯びた弾力性のあるフォルムに真澄はたじろぐ。帝京高校だ。圧倒的な存在感の王者帝京の選手を見て敵ながら神々しく思えた。

一九九二年の選抜を優勝した帝京は、エースで四番の三澤興一（元・巨人）を中心に投打のバランスがとれたチームで春夏連覇を目指し、一九九二年夏の東東京大会は順当に勝ち上がり決勝進出。前年の選抜から三季連続で甲子園に出場し、メンバーの多くが二年の夏から甲子園を経験しており、全国屈指の好選手が集まった紛れもなく全国トップクラスのチーム。

一九八九年の夏、とんねるずの『リアル野球版』でもお馴染みの吉岡雄二（元・近鉄）を中心としたチームが甲子園初優勝してから、帝京の黄金時代の幕が開ける。

一九九二年はまさに黄金時代真っただ中。一九八九年から九八年までの十年間で春夏十一度甲子園出場、うち三度全国制覇。王者として君臨している帝京の縦縞のユニフォーム姿が、神々しく見えたのは決して気のせいではない。

「なんかかっこいいよね。うちの学校と試合するんだよね？」

非日常的な光景に驚かされた康子が話しかける。

「そうそう。ねえ、ヤバくない？」

「うん、ヤバいっしょ！」

真澄の言葉に野球がわからない康子もすぐに同感。球場の周りの熱気とは違う異質なものを二人は感じ取った。

「とにかく、中に入ろっ！」

真澄は康子を連れて、少し駆け足で三塁側の応援席に続く階段を上っていく。

三塁側スタンドには二松学舎応援団、野球部員、ブラスバンドに加え、代々受け継がれているスクールカラーのグリーンと白のサマーニットにミニスカートのコスチュームのチアガールたちが、決勝戦という舞台を華やかに彩りながらも少し緊張した様子で試合開始を待っている。野球部OBもたくさん来ており、さすが決勝戦ともなると違うなぁ～と感心しながら、真澄は康子と一緒に応援席に座る。

真澄は少し首を伸ばしてグラウンド内を見渡すと、

「あっ、依田くんだ！」

同じクラスのキャプテンの依田大輔がグラウンドでウォーミングアップしているのを見つけ、なんだかちょっとだけホッとした感覚になった。

いよいよ試合が始まる。二松学舎の応援席となる三塁側スタンドの観客の思いは、甲子園に行ってほしい気持ちこそ変わらないが、誰もがあの帝京に勝つのは至難の業だと感じている。真澄も康子も口にこそ出さないが、頭のどこかで周りの観客たちと同じ思いを馳せていた。

一九九二年の夏の甲子園大会の主役はすでに決まっていた。

星稜の松井秀喜（元・ヤンキース）。

春の選抜甲子園では3本のホームランを打った。ラッキーゾーン撤廃後の3本のホームランは初めてで、日本中にゴジラ旋風を巻き起こす。

そして、この夏は甲子園史上においてもう二度と起こらないであろう事件が勃発する。明徳義塾戦での五打席連続敬遠。松井は、これで伝説となった。

一九九二年の高校野球は松井中心に回っているとはいえ、各校が甲子園を目指す形になんら変わりはない。

東東京の下馬評では、横綱帝京、大関関東一高で、そこにどこが食い込んでくるのか。二松学舎は五、六番手程度の評価だった。前年の秋季大会ではブロック決勝で都立東大和にあっさり負け、都立に負けたということで周囲からかなりバッシングされた。

学校側も野球部を全面的に後押ししているわけではなかった。暗黒時代とは言わないまでも、二松学舎が低迷期にあったのは間違いない。とはいえ八四年に決勝進出後、一九八五〜八七年までベスト4、一九八九、一九九〇年はベスト8、言われるほど低迷しているとは思えないが、そこは強豪校の宿命で常に高いレベルを求められる。選手たちも環境的に特別恵まれているとは思わなかったが、余計なことを考えずにただただ一生懸命に野球に打ち込んでいた。

前年の秋から猛練習を重ね、春季大会で法政一高に負けたが四回戦まで進んだことで手応えを感じ、チームのムードがガラッと変わる。だからといってすぐ強くなったわけではなく、その後の練習試合では勝ったり負けたりが続く。しかし五月のゴールデンウィークを過ぎたあたりから練習試合で負けなくなった。

常総学院、我孫子、法政二、桐光学園といった強豪校とやっても接戦もしくは逆転勝ちできるようになる。国学院久我山とも練習試合をし、超大型野手の井口資仁（現・ロッテ）のプレーを見て「なんて動きだよ！」と皆が口をあんぐりさせていた。

勝てばチームの雰囲気も当然良くなり、勝ちが続くことで勝ち方を覚えていく。練習をすれば実るんだという自信をもとにやっていくうちに勢いが増し結束力が生まれ、練習への真摯さ、ひたむきさが出てくるなど相乗効果が如実に現れてくるのだ。

監督の戸張誠にしてみれば、「どこまでこいつら行くんだろう」と成長過程が目に見えてわかるだけに楽しみで仕方がない。この良い状態のまま、夏の大会に突入した。

戸張は一九八四年世代の初芝たちと同期であり市原のふたつ下になる。高校二年の冬から学生コーチをやり、そのまま大学でもコーチを続け、大学四年の春に理事長から野球部再建の命を受けて一九八九年（平成元年）監督に就任する。

夏のトーナメントもクジ運に恵まれ、決勝に行くまで帝京と当たらないというこれ以上にないブロックに入り、怪我人もなく日程も順調に消化し、すべての歯車がうまく噛み合った。

二回戦　○5対3　目黒
三回戦　○3対0　豊南
四回戦　○14対0　両国　（5回コールド）
準々決勝　○8対0　日大豊山　（7回コールド）

試合をするごとに投打のバランスが良くなっていき、スター選手もおらず小粒なチームだが、勝つごとに勢いが増す。

高校野球好きな真澄は初戦からひとりで応援しに行っている。初戦ともなると、学校の友だちはほとんど来ていない。同じクラスに野球部員がいることもあって、より親近感が湧いているのは確かだ。当時はポケベルが女子高生に流行し、「11410６」＝「愛してる」といった数字の語呂合わせでメッセージを送るのが始まった頃。

そして準決勝の関東一高戦。この夏の大会、この一戦に照準を合わせていただけに選手たちの気合いの入りようが違う。甲子園よりもまずはこの関東一高だ。

5対2、3点リードされたまま9回裏、二松学舎最後の攻撃。

先頭打者の一番キャプテンの依田が気合い十分で打席に入る。甘く入ったストレートを左中間方向にいい当たりの打球を飛ばすが、少し上がりすぎたせいかフェンス間際でセンターに追いつかれ1アウト。今大会当たっている依田だっただけに、先頭打者で出塁できなかったのは痛い。

「よっしゃーよっしゃー、いけるぞいけるぞ」

二松学舎ベンチは諦めていない。次の二番打者の代打坂本博仁がしぶとく喰らいついてセンター前で出塁。まだまだ二松学舎は死んじゃいない。

三番サード俊足巧打の小池貴昭。実は六月の練習試合で左手首を痛めてまったく振れない状態のまま、この大会に臨んでいた。大会中も「テーピングを巻かせてください」と毎試合前に大会本部に許可をとってテーピングを巻いていた。

だが、そんなことは言い訳にはならないのは百も承知だ。粘って粘って3ボール1ストライク。次におあつらえ向きの球が来たがあえて見逃す。3ボール2ストライクになったほうがランナーも動きやすいと考えたからだ。

戸張は、この場面で何か策を考えていたわけではない。ただ選手の顔つきを見て、勢いを殺しちゃいけないとだけ考えイケイケで行くことを決め、1アウト一塁、3ボール2ストライクからエンドランのサインを出す。

投球モーションに入ったと同時に関東一高のショートがセカンドベースに入ったことで、三遊間にゾーンができたのを小池は見逃さず、ガラ空きの三遊間に打ってレフト前ヒット。これで1アウト一、二塁。チャンスは広がる。流れは二松学舎。ここで関東一高はピッチャーを交代。この交代が逆に二松学舎の闘志に油を注ぐ形となる。

この頃は、二塁走者がキャッチャーのサインを盗んでバッターに伝達することが許されており、四番・崎迫昌広が自信を持って振り抜いた打球はセンター前タイムリー。続く五番・関端隆信が3ボール2ストライクからのエンドランで、ジャストミートの同点タイムリースリーベース。二松学舎は、1アウトから四連打で3点をもぎとり同点。

なおランナー三塁で、関東一高は満塁策をとる。こうなると追う者の強み。関東一高にとってこの満塁策が裏目となる。2アウトを取られたが九番・二年生の増田一輝が神妙な顔でバッターボックスに入る。顔を見る限り変な気負いはない。

まず二球続けてボールが先行。

「かっせかっせ増田!」、一球ごとに応援団のボルテージが上がる。プレッシャーがかかるのは、関東一高のピッチャーのほうだ。断然、打者有利。

その後二球ストライクで追い込まれるが、五球目は大きく外れて3ボール2ストライク。

9回裏2アウト満塁、カウント3ボール2ストライク。野球漫画によく出てくるシーン。運命の第六球目がこの試合の勝敗を決めてしまうのか。二松学舎が勝つのか、それとも延長か。

ピッチャーの手から離れたボールはひざ元をえぐるシュート。

二塁走者からサインが出ていた増田は自信を持って見送る。

「ボール」

審判の無情のコールが響き、サヨナラ押し出しでゲームセット。

「やったーやったー」

「おい、勝ったぞ!」

二松学舎はまるで優勝したかのような大騒ぎ。キャプテンの依田、いつもクールでチーム一のイケメン山本将之までもが涙を流して歓喜にむせぶ。肩を抱き合いながら輪になって踊る二松学舎ナイン。

二松学舎応援団も神宮球場の三塁側ベンチの金網に上り、「やったぞーー」「最高だー」みんなで雄叫びを上げている。スタンドにいる野球部二年の上田寛史なんかは「うおおおおおおーー」と見えない月に向かって拳を突き上げ、吠えまくっている。

真澄はもちろん、康子も応援に駆けつけていた。

「やったよーやったよー」

「そうそう、野球部すごいよね」

黄色い声ではしゃぐ二人。

この頃は制服のモデルチェンジがピークとなり、中ランにスケーター、腰パン（パンツを腰で履くスタイル）が街中に溢れ、若者たちの髪型は江口洋介張りのロン毛だらけ。だからなのか、野球部のような坊主頭が逆に新鮮に感じている真澄と康子。ロン毛を振り乱しているOBたちが設置されている椅子の上に乗り、狂喜乱舞で何脚かの椅子を破壊する。お祭りどころじゃない。暴動だ。

学校に戻ると、選手たちは校庭に集められ、戸張は神妙な顔つきで口を開く。

「おまえら、今日試合に勝ったことで一部のOBが神宮の椅子を破壊したり、フェンスによじ上ったりと、公序良俗に反するような行為があった。試合に勝つのはいいが、来年卒業したらOB

になる意味をちゃんと考えておけ」

劇的な勝ち方をした選手たちはまだ興奮覚めやらない中、明日の決勝についての心構えや今日の勝利についての検証から入るのかと待ち構えていたのだが、まさかの小言。

「え〜、そっから!?」

選手たちは、なんだかどっちらけな気分。キャプテンの依田だけは〝勝って兜の緒を絞めよ〟だと思って平常心で聞いていた。

この一件があったことで、東京六大学連盟から借してもらっていた応援の際に使う板は、これ以降貸し出し禁止となる。

時に、勝負は試合が始まる前からすでに雌雄を決している場合がある。

二松学舎の通算十一回の決勝進出において、一九九二年夏の東東京大会決勝だけは、正直戦う前から勝負あった感がなくもない。

二松学舎は準決勝に勝ったことで初めて甲子園を意識する。それまで甲子園自体、考えたこともなかった。決勝の前日は、準決勝関東一高戦の劇的なサヨナラ勝利のビデオをみんなで観て再び感動の余韻に浸っていた。

決勝戦は勝ちたい、勝って甲子園に行きたいという思いだけはあったが、決勝前日の心の持ち方をどうやっていいのか誰もわからなかった。

決勝に勝って甲子園に行きたい二松学舎と、甲子園で勝って春夏連覇したい帝京。意識があまりにも違いすぎる。

春夏連覇を狙う王者帝京は、準決勝まですべて二桁得点の圧倒的な強さで決勝まで勝ち上がってきた。一方の二松学舎はブロックのクジ運もあり、まさかまさかの決勝進出。この年に限って、春夏連覇を狙う優勝候補大本命の帝京がいることで、各有力校は次の学年へとシフトしていったことも幸いしている。

千葉県大会では姉妹校の二松学舎沼南も決勝進出を決め、甲子園で姉妹校対決という夢を実現してほしいと学校関係者は大いに盛り上がり、期待がどんどん高まっていく。

下馬評では帝京の勝利は揺るがないものの、一発勝負の高校野球は何が起こるかわからない。帝京の監督・前田三夫は、ノーマークの二松学舎が来たことへの不気味さ、二十六歳の戸張の勢いに、ある種の警戒心を持つ。有力校なら過去のデータがあるので対処方法はわかっているが、思ってもみないチームや初物には足下をすくわれやすい。ここは慎重に臨むことにする。

試合前に監督同士が挨拶する際、前田は戸張の顔をじっと見ていると、前田の気迫に押されたのか落ち着かない様子でいるのが表情から読み取れた。二十六歳で初の決勝進出、泰然自若でいられるはずがない。この時点で「もらった」と思う百戦錬磨の前田。戦う前から先制パンチをお見舞いしたのだ。

試合前のグラウンド内でも心理戦が始まっていた。

神宮球場の外野で両校がランニングをしているとき、帝京の選手たちとすれ違いざまに「ちっちゃ！」と言われる始末。高校二年の夏から甲子園で戦ったメンバーが半数以上いる帝京は、二松学舎の身体の小ささに拍子抜けというか笑ってしまうくらい小粒に見えた。

試合開始の整列で、二松学舎の選手たちは帝京の選手を見て「でけえ〜」と皆が思い、縦縞のユニフォームに呑まれてしまった。

この年の帝京の野球は、2アウトから二塁打2本で1点を取ってしまうような猛打猛攻。

エース三澤は速球もさることながら、変化球は大小二種類のカーブをはじめ抜群の投球術を持つ。さらには守備が無失策という鉄壁さ。投打ともに完璧な布陣で死角は見つからない。

この頃は、まだキャプテン同士が先攻後攻のジャンケンをやっており、キャプテンの依田は準決勝まで全部グーで勝ってきたが、決勝だけ負けてしまい先攻をとられてしまう。

さらに決勝の日の朝に限って、仏壇に「おばあちゃん、決勝を勝たせてください」とお参りをしている。お参りが悪いと言っているのではない。今までやってないのに、ここに来て神頼みをするのはメンタルの弱さを露呈していると捉えられても仕方がない。一般的には勝負事においてルーティンは変えないのが鉄則であり、キャプテンの依田は明らかに決勝戦だけ過剰に意識しすぎてしまっていた。


準決勝までとは雰囲気が違うことに気付いた康子は、

「大丈夫かな、うちの野球部?」

周りの緊張がうつったのかドキドキが止まらない。

「もうここまできたらやるしかないでしょ！」

球場に入るまでは半ば諦め気味だった真澄も、決勝という貴重な舞台をしっかりこの目に焼き付け、頑張っている野球部のためにも一生懸命に応援することにした。先頭に立って頑張っているあいつのためにも……。

帝京は初回の入り方が非常に上手く、この大会すべて初回に先制点を挙げている。強いチームは初回、8、9回に点が入るチームだと言われるが、まさに帝京がそうだった。

二年生ピッチャーの島田治人は、緊張していたせいか初回の立ち上がりが悪く、一、二番を連続フォアボールで完全にリズムを狂わせる。こうなると帝京ペース。ダブルスチールでノーアウト二、三塁にしたあと、犠牲フライ、タイムリーで初回に3点先取し先制パンチを浴びせることで、「やっぱり帝京だ」と球場全体が帝京の強さを認めた形になる。さすがである。中盤以降も、バントや犠牲フライで小技を絡めて着実に点を重ねる。

一年夏からベンチ入りをしているサードの小池は、帝京打線の強打を見据えて守備を深めにとるとすぐセーフティバントをしてきたりと、とにかくそつがない攻撃に舌を巻く。四番・三澤の三塁線への火の出る当たりは一歩も動けなかった。小池はつくづく帝京の強さを肌で実感し鳥肌が立つ思いがした。

強打が売りの帝京だが、ディフェンス面も一流。

二松学舎がランナーに出ると、エース三澤が執拗なくらい上手い牽制をしてきて、牽制される度にリードが狭くなって塁に釘付け。走ることもできない。帝京は機動力も備わっており、この試合では5盗塁している。

終わってみれば、13安打の猛攻で10対2。完敗だ。スコア以上に実力差を感じさせる試合で、帝京は六試合で176打数75安打　チーム打率四割二分六厘。安打の三分の一は長打で、二塁打16本、三塁打6本、ホームラン6本。全試合二桁得点、総得点数68点、無失策という完璧な内容。すべてにおいて格の違いを見せつけられた決勝戦だった。

泣きじゃくる二松学舎の選手たちに、キャプテンの依田は叫ぶ。

「二年は泣くな。来年があるだろうが！」

声が届くもグラウンドにうずくまる選手たち。

一方、帝京はゲームセットの瞬間、飛び跳ねる選手もいなければ、ガッツポーズする選手もおらず、勝って当たり前といった姿勢で驚くほど冷静に淡々と整列する。

この差がすべてである。

二松学舎は準決勝の関東一高に照準を合わせていたため、ピークがそこにいってしまった。準決勝のサヨナラ勝ちの勢いで、決勝を勝ち抜けられるかもと淡い夢を見た二松学舎。

しかし、甲子園はそんなに甘くはなかった。

帝京はあまりに強すぎたかもしれないが、決勝で戦うだけの力が二松学舎にはまだまだ備わってなかったということに尽きる。

だからといって、この決勝戦が無意味だったのかというとそうではない。不遇の時代に決勝に出られたからこそ、次の時代へと繋げられたのは確かだ。

第四章

独尊

エリートと雑草　芦川武弘　立野淳平

「そうか、来るかぁ」

監督に就任したばかりの市原勝人は、安堵の表情を見せると同時に未来を思い描いた。

芦川武弘。

中学時代、ポニーリーグの江東ライオンズで第二十一回日本選手権優勝したピッチャーが、鳴り物入りで入ってくる。二松学舎にとって未来が大きく変わろうとするほどの逸材だ。

一九八二年選抜準優勝投手の市原は二松学舎卒業後、日本大学へ進学。バッター転向案も出たが、〝甲子園準優勝投手〟という肩書きが市原の中で大きな支えとなっていた。ピッチャー失格の烙印が押されバッター転向となるのはポンコツのイメージがつくと思ったし、やはりピッチャー以外はやれないと感じていた市原は、自分の意思に従いピッチャーを続けた。その後、NTT信越で三年間プレーし、都市対抗、日本選手権にも出場。

一九九四年からNTTに勤めながら二松学舎のコーチに招かれ、「監督、大丈夫大丈夫、その戦術で行きましょう」とふたつ下の後輩である監督の戸張誠を盛り立て、あくまでもコーチとして選手のケアに努めてきた。そんな矢先、一九九五年秋から正式に監督就任を要請される。

二松学舎を再び強豪校にするためには、学校側としても選抜準優勝投手の市原の力がどうしても必要と考え、市原も母校に恩返しをしたいという思いもあって、少し不安を抱きながらも監督就任を受諾する。ちょうどそんなときに、期待の大型ピッチャーの入学が決まったという知らせは、市原にとって不安が一蹴され、前途洋々たる気持ちにさせるほどの喜ばしい出来事だった。

前任の監督だった戸張は市原をサポートする形で部長になり、芦川の勧誘のために中学校へ日参した。その甲斐あって二松学舎への入学が決まったのだ。

実は、芦川のいる江東ライオンズは日本選手権で優勝する前に、柏のグラウンドで二松学舎の二軍と試合をし、勝利を収めている。つまり中学生が高校生に勝ったのだ。

「こんなもんかよ〜」

芦川は歯ごたえのなさに苛立ちを感じる。

「中坊相手を打ち崩せねえんだったら、レギュラーが出てこいよ！」

コテンパンにやられるつもりで高校生相手に投げているのに全然打たれやしない。高校野球の厳しさを教えてもらおうと思ったのにこれでは拍子抜けだ。

だから、最初は投げ勝った二松学舎に行きたいとは思わなかった。しかし前監督の戸張の熱心な勧誘により、芦川を含めて江東ライオンズから五人が入部することになる。

一九九六年、桜が咲き誇る四月、芦川は二松学舎に入学する。野球部に入った以上は三年生だろうと何も言われたくなかった。全国大会優勝投手ということで周りから特別な目で見られるし、もちろんそれだけのプライドもある。一年生からチームを引っ張ってやろうという気概もある。

「いいのが入ってくる」という触れ込みで入学前の三月から練習に参加し、三年生からなにかと可愛がってもらった。一年生は売店で買うことはできないが、三年生に「おい、こっち来いよ」と呼んでもらうことで堂々と買うことができた。

「おまえら二年生ナメてるだろ」

三年生は笑いながら言う。芦川たちが中学三年のとき、二年生の代と試合をやって勝ったことを指しているのだ。

当然、ひとつ上の二年生は面白くなかった。特に芦川に対してだ。

「おまえ、三年生いなくなったら大変だからな」

実際、三年生が引退し防波堤がなくなってからというもの大変どころの騒ぎではなかった……。


入学後の春から投げ、一年夏は主戦として自慢の速球で三振の山を築く。全国大会優勝投手の看板を引っさげて入学し、一年夏からエース格で投げていれば、天狗にならないほうがおかしい。ピッチャーはわがままでいい。プロで活躍した名投手はたいてい唯我独尊だ。しかし、その反面非常に繊細な部分も持ち合わせている。いつもいつも自分の調子が100%の状態などあり得ない。場面場面によって状況が異なり、天候、自分の状態、打者心理を加味しながらピッチングを組み立てていく。いたって冷静な判断が要求されるポジションだ。

市原は、力まかせでいく芦川を見て変に懐かしく思う。

「はじめは俺もこうだったたな」

だが、そんなセンチメンタルな感情は数秒で吹き飛ぶ。今は監督として選手たちを正しく導くことが一番大切。大学、社会人と〝甲子園準優勝投手〟の肩書きが大きなブランドとなって自身のプライドを形成し原動力となっていたが、監督になった以上、そんなプライドはいらない。

必要なのは、指導者として明確なプランと勝利への飽くなき執着心だ。

「おまえくらいのストレートがあれば俺は優勝できたぞ」

市原は、芦川にチームプレーを身につけてほしいために練習後、一九八二年選抜のビデオを見せながら何度も何度も根気よくピッチャーの在り方を説く。

芦川は、ビデオで市原の投球をじっくり見ることで、球は速くないが野手を信じて効率良く打者を打ち取りアウトを積み重ねる投球に何かを感じ始める。

「同じアウトでも三振は三球必要、打ち取れば一球で終わりかぁ」

今までストレート一辺倒だったのを、カーブを磨きストレートを見せ球にする投球スタイルに徐々に変えていく。

芦川がもうひとつ転機となったきっかけがある。

入学したときから豪胆で、上級生を圧倒するほどの速球でチームの中心選手であった芦川は、一年の冬合宿のときに特発性てんかんで倒れてしまい、救急車で運ばれそのまま入院。治療を施し退院した芦川の表情は憔悴し切った様子だった。市原は優しく声をかける。

「負けるなよ」

病み上がりの芦川は虚ろな目で市原を見る。

「病気を抱えている選手はたくさんいるし、逆にそういうものを持ったほうが奮起するんじゃないのか。だから負けるなよ」

ハッとした言葉だった。このときから芦川は勝つことに執念を燃やすというより、負けないことに性根を据えていこうと決心する。

高校二年秋、いよいよ期待された芦川たちの代となる新チーム。選抜を狙う秋季大会では、準々決勝で国士舘に9対2の8回コールド負け。国士舘はこのまま優勝して選抜甲子園に出場し、二松学舎は夏に雪辱を燃やす。

最後の夏、芦川は優勝する意気込みで臨み、他のチームメイトも優勝して甲子園に行くことは当たり前の思いでいる。ただ、芦川は他のチームメイトと少し違った考えを持っていた。

負けたら終わりのトーナメント。たった一球で泣くことを考えたら、優勝するぞという意識よりも一戦必勝で挑むことを第一に心がけた。いつもは強気の姿勢でイケイケなのに、こんな謙虚な気持ちで臨んだ大会は初めてだった。ピッチャーとしての責任感、重圧を考えたら、馬鹿のひとつ覚えのような強気一辺倒では通用しないと考え直したのである。後悔だけはしたくない。その思いがあったからこそヤンチャで勝ち気な芦川が一皮剥けて成長したのだ。

夏のトーナメントでは必ずどこかで苦しい試合がある。二松学舎にとってそれは城東戦だった。四回戦の城東戦では、7回裏まで1対3でリードを許す。ヒットもほとんど出ず、敗色濃厚だった流れを打線が奮起して8対3で逆転。この試合から、チームが夏は甘くないと気を引き締め直し一丸となっていく。

芦川は目の前の相手にだけ集中してバランス良く投げてきたが、思わぬところで均衡が崩れる。準々決勝の相手は城西。神宮第二球場で試合をやり、神宮第一球場では帝京と関東一高のカードが組まれていた。4回表の投球練習をしている際に神宮第一球場のアナウンスが入る。

「現在、帝京対関東一高の試合は5回を終了して5対1で関東一高のリードであります」

途中経過のアナウンスが嫌でも耳に入り、芦川は「おっ！　帝京が負けているのか」と思い、その後帝京が逆転して勝ったことを聞くと「やっぱ来たか」。それまで一戦必勝で目の前の相手にしか集中していなかったのが、帝京という来るべき大きな壁を意識するようになった。一瞬、注意力を削がれたが、城東戦は8対3で危なげなく勝利し、五回戦、準々決勝も順当に勝ち進む。

そして準決勝の日大豊山。芦川は際どいコースへのボールが面白いように決まり、自己新となる13三振を奪って6対2で快勝。キャッチャーの久保隼人も「サイン通りの球が来ていました。高校入学以来、最高の出来です」と取材に答え、『甲子園への道』（テレビ朝日系）のエンディングに13奪三振のシーンが使われる。〝東東京ナンバーワンは、初の夏の優勝に向けて明日帝京と対決！〟と予告テロップを流しながら、三振を取ったあとの芦川が吠えたシーンをアップにして番組終了。準決勝のピッチングは、テレビ番組のエンディングにも使われるほど最高最強に見えた。チームメイトはテレビを観ながらテンションが上がりまくる。

だが芦川だけは冷静に分析していた。

日大豊山戦、4回に不用意に投げた一球が甘く入り、ツーランホームランを浴びるシーンについて芦川は忸怩たる思いでいた。ランナーを気にした投球と新聞紙上に書かれたが、そうではない。立ち上がりからテンポも良く、コーナーにバシバシ決まって三振の山を築いたことで余裕が生まれた。いや隙と言っていいだろう。

「決勝は、帝京が来るだろうな」

不意に頭の中を過った。帝京と戦いたいがために意識がズレたのだ。

あっ！　と思った瞬間、ボールはバックスクリーンに運ばれる。集中を欠いたボールはたとえ150キロだろうと打たれることを身を持って知る一戦だった。

一九九八年世代といえば別名〝松坂世代〟とも言われる。

松坂大輔（現・ソフトバンク）を筆頭に、村田修一（現・巨人）、杉内俊哉（現・巨人）、和田毅（現・ソフトバンク）、藤川球児（現・阪神）、久保康友（現・DeNA）、永川勝浩（現・広島）、小谷野栄一（現・オリックス）、新垣渚（現・ヤクルト）、木佐貫洋（元・北海道日本ハム）……、煌めく人材が生まれた世代。

芦川は、中央大でも一年秋からベンチ入りして二年春からエース格で投げ、140キロ超の直球で東都リーグを代表するピッチャーに成長する。社会人のヤマハでも主戦投手で投げ、ドラフト候補にも挙がったほどで、松坂とも小学校時代にリトルの東京都大会決勝で対戦し、何度か話したこともある。本来なら松坂世代に列挙されていい人物だ。

市原は、芦川の潜在能力を入学時より認めており、大学でさらに成長したことを自分のことのように喜んだ。

あるとき市原が、芦川を応援しようと中央のリーグ戦を観に行ったときのことだ。サヨナラ負けで敗戦投手となった芦川を、市原はバスのところで待っていた。応援団や中央の大学生が「芦川、芦川！」と称えていたのに、何も応えず無視してバスに乗り込んだ芦川を見て、市原はブチ切れた。バスに乗った芦川の座っている座席の窓の外から、

「芦川出てこいよ！」

いきなり怒鳴り声を上げた。

「そんなことしていいと思ってんのか！　みんな応援してくれてんだろ。てめー、そんな態度ねーだろがー」

烈火の如く、怒りをぶちまけた。

人に感謝する気持ちを忘れる人間を許しておけない。

市原は芦川の能力を買っているからこそ、時に鬼と化すのだ。

芦川がドラフト一位のスーパーエリートだとしたら、育成枠の最下位なのが立野淳平。立野は推薦枠十五人のギリギリの十五番目で入部。通常は中学三年の八月までにはスポーツ推薦が決まるのに、十月八日に推薦が決まった。

九五年十月八日といえば、巨人軍元監督の原辰徳が現役引退した日。立野は原が好きだったこともあって、縁起がいいなあと前向きに思う。だからといって不安がなかったわけではない。二松学舎に先輩はいないし、内情も知らない。

「本当にできるのかな!?」

立野が所属していた下目黒パイレーツという軟式のチームから、野球推薦で二松学舎に行った選手は今までひとりもいない。ただ前監督の戸張が「能力は他よりも落ちるけど、面白そうな奴だな」という直感だけで二松学舎に入れた、ある意味特例的な推薦であった。

立野も元来の素直な性格も相まって、すごくひたむきに取り組んだ。柏のグラウンドを見ると、

「こんな場所で野球ができるのか、すげーー」

学校の校庭でしか野球をやったことのない立野には、見るものすべてが新鮮に映る。

戸張も獲ってきた責任を感じたのか、立野を見かければすすんで声をかける。

「おい、立野、ちょっと振ってみろ」

「あ、はい」

合宿所前で掃除をしている立野にバットを振らせる。

「ブ～～ン」

二回三回と一生懸命バットを振る立野。

「よし、わかった」

戸張は立野の素振りを見て、内心「ダメだな」と感じる。野球選手というものは、ユニフォーム姿だけでもセンスを感じられる者と感じられない者に分かれる傾向がある。

残念ながら立野は後者だった。

しかしだ。そんな立野を大抜擢したのは、市原自らだった。

もともと立野は足が速く内野手だったが、守備が下手すぎてすぐに外野に回される。

二年春に初めて東海大浦安の遠征に同行。声を出しながらバット引きをやっていると、三年のファーストの選手が不甲斐ないプレーをしたため、市原監督は立野を呼びつけ、

「立野行ってこい！」と代打で出場。初球を打って強烈なショートゴロ。いい当たりだったが正

面を突き「あー、くそー」と思いながらベンチに戻ると、市原から、

「そのままファースト入れ」

翌日の日大桜ヶ丘戦では一番ファーストでスタメン出場。いきなり先頭打者ホームランで結果を出したが、三年のファーストの選手が復帰すると、立野は再び外野の控えに戻る。市原の中ではチームの構想に立野をしっかり入れており、なんとか早く伝えたい思いがあった。

市原がある授業中にプリントを配って簡単なテストをやらせているとき、立野の姿がふいに目に映った。ちょっとイタズラ心が芽生え、見回りしているときに立野の席の横に立って小声で、

「十六人は決まってるけど、その中におまえ入ってると思う?」

立野はちょっとビックリしながら市原の顔を見て、

「いやぁ……入ってないとは思うんですけど、でも残りの四人に入りたいです」

「ふふ、入ってるよ」

立野は見事、背番号19で二年の夏にベンチ入りを果たした。

立野は高校生活で見逃し三振したのが二回しかない。最初は、バントのサインを失敗しての見逃し三振。そのとき市原は座ったままキレた。純粋な見逃し三振は日大藤沢の館山昌平（現・ヤクルト）からしかない。縦の高速スライダーに付いていけず、バットを出すこともできなかった。立野が見逃し三振したことが相当頭に来たのか、市原に思いっきり蹴っ飛ばされた。立野はそれで火がつき、その後の打席で館山から2本のヒットを放った。

一九九八年世代は松坂世代ということで、近隣には横浜の松坂大輔や八千代松陰の多田野数人

（元・北海道日ハム）などプロ大注目のピッチャーがいたにもかかわらず対戦する機会がなく、対戦した中では日大藤沢の館山が一番いいピッチャーだとナインも口を揃えて言っている。

柏での練習が終わったあとに、全員でサーキットトレーニングをしてストレッチをやっていたときだ。わざわざ市原が近づいて呟く。

「立野は野性的だよなー。館山の高速スライダーをパーンって打っちゃったりするんだからな」

立野にとって館山の球は目が追い付かないほど速く感じ、２本ヒットを打ったが１本はボテボテでセンター前に運んだ感じで、決してきちんと捉えたヒットだとは思っていなかった。

「高井はバネがあるよなー」

主力である三番・高井政直を指して市原は唐突に話したと思うと、

「なあ、立野って何がいいと思う？」

いきなり選手たちに質問をし出す。

「身体能力が高いところです」、「思い切りいくところです」、「ハートが強いです」「ヌケていて悩まないところです」と各々が思ったことを口にしているのを市原は軽く頷く感じで静かに聞く。

すると、ボソッと語りかけるように話した。

「こいつは目がいい。目で捉えるから打ち方なんて関係ないんだよ、こいつは」

目がいいイコール動体視力が優れている。だから打ち方はぐちゃぐちゃでも正確に球を捉えることができるのだ。

「ああ、俺は打ち方じゃなくて目なんだ」

確かに、みんなからは変な打ち方だと言われていただけに妙に納得した。

「だからこいつは棒切れとか持って簡単に鳥とか叩くよ」

まさに剣豪宮本武蔵だ。ギリギリで入部して誰からも期待されなかった立野は、こうして堂々一番バッターとしてチームに欠かせない戦力となる。


一九九八年世代は芦川、久保の全国優勝バッテリーばかりが目立ち、二人が中心と言われ続けていることが立野はどうにもこうにも気に食わなかった。

実際、二人におんぶに抱っこの状態で、立野は他のメンバーの奮起を促す。そうならないと土壇場になったときにチームの底力が出てこない。そんなこんなで練習中でも喧嘩が絶えなかった。もともと負けん気の強い奴らの集まり。ちょっとしたことでも言い合いになる。

「てめえ、ちゃんと捕れよ、下手くそが」

「なに、もういっぺん言ってみろや」

「おい、おまえらやめろ！　やめろって言ってんのがわからんのか」

市原もしょっちゅう怒鳴っていた。

チームがバラバラになる喧嘩ではない。芦川、久保に負けてたまるかというエネルギーがパワーに転化することでチーム力が上がっていく。打線が活発化するようになって、二松学舎は好投手芦川とピストル打線という両軸ができた。

大会ナンバーワン本格派右腕の芦川擁する二松学舎が、六年ぶりに決勝進出。決勝戦は強打の帝京。ここまでの五試合すべて二桁安打の帝京強力打線と大会屈指のエース芦川との対決。

二松学舎は、初回にいきなりホームランで2点先取してこの大会初めての先制。これが芦川にとって重くのしかかり、多大なプレッシャーとなる。

解説には日大三高の監督の小倉全由。

「2点先制して気負わなければいいんですがね」

芦川はまさに気負ってしまった。

帝京のキャプテンの森本稀哲（元・北海道日ハム）が、決勝までひとつの三振もないことを知った芦川は三振を狙いに行き、見事見逃し三振を取るなど、初回2三振と上々の立ち上がりで4回まで3対2と二松学舎が1点リード。

それが5回に入ると芦川が連戦の疲れか突如球威が落ち、連打を喰らい3失点。続く6回にもホームランを打たれ、7回に先頭打者をフォアボールで出し1アウト後に右中間への三塁打で7点目が入った時点で、芦川はチームのためを思って自ら降板を申し出る。

「またチャンスが来るから頼むな」

二番手の西村晴樹にそう告げると、ベンチの前に座って仲間のために声援を送った。

二松学舎の原動力である大会屈指のナンバーワン右腕を引き摺り下ろした時点で、帝京の勝利は揺るぎないものとなった。

8対3、またもや帝京に打ち負けた。

安打数は、帝京13安打に対し、二松学舎は10安打とさほど変わらないが、適時打における長打数が帝京は勝っていた。

市原はスコアを見つめながら思った。

「打たなきゃ勝てない」

芦川ほどのピッチャーが出てくるのを待っていても、いつになるかわからない。今までの守りの野球をやめて、打って打って打ち勝つ野球しかない。そのためには、とことん振り続ける。

市原は覚悟を決めた。まさにこの一九九八年の決勝戦は、市原野球のスタイルを変える分岐点となった。

ここから新しい二松学舎の歴史が始まった。


市原が高校野球関連雑誌のインタビューで、「今までの長い監督生活の中で一番最高だと思うチームはどれですか?」といった質問を受けたとき、迷わず「二〇〇〇年世代です」と即答する。決勝に行ったチームでもなければ、スターがいた世代でもない。とにかく身体が小さい、小粒、地味、あるとしたら脚力だけ。それでも市原にとって文句なし最高のチーム。だからこそ、当時三十五歳の血気盛んな市原は愛情たっぷりと厳しく激しく指導をした。

副キャプテンのセンター小林学は、何にもやらない副キャプテンと仲間内で呼ばれていた。覇気を表に出すタイプじゃなく、暗い顔をしながらプレーし、市原の言うことを「はいはい」と素直に聞いていると、「おまえはロボットか！」と突然怒鳴られる。素直な性格なだけに、ロボットと言われて「ロボットかぁ……」と考え込んでしまった。

あるとき、トレーニングルームで筋トレの最中に、ベンチプレスを各自最高何キロ持ち上げたかを申告することになり、85キロ、81キロ、94キロと、皆が80キロ以上の数字を言っていく中でひとり「65キロです」と告げると、市原がまたキレだし、

「てめえ、プロになりたくねえのか！」

「……」

別にプロになりたいとは思わなかったので無言でいると、

「おまえは絶対になりてぇはずだ！」

あらためて考えてみたが、やっぱりプロになりたいとは思わなかった。

ピッチャーの奈良田裕士はエース候補だった。現に高校一年の秋季大会は背番号1を貰う。

市原は奈良田に付きっきりで練習を見て、食事のときも横に座らせ、何杯飯を食うかチェックするなどマンツーマンで指導をしていた。練習方法もユニークなものを取り入れた。

「ここから爆発するためにもやってみないか！」

距離を一・五倍の27メートルにして投げ込む練習をする。１００球くらい投げ込んでから、通常の18・44メートルに戻してまた１００球投げる。

「案外いいな、この練習」

奈良田がこの練習にやっと慣れ始めた頃、突然肩に異変が起こる。病院の診断の結果、肩の軟

骨が砕けて筋肉に突き刺さるという大怪我を負い、野球どころか日常生活まで支障をきたしてしまう。ある意味、爆発した。

怪我のため、練習試合に出られない奈良田はベンチで声を出す。

「ナイスピッチ、ナイスピッチ！」

「そんなこと思ってねえだろう。打たれちまえと思ってねーのか！」

市原が唐突にイジってくる。市原なりの気遣いだ。

夏の大会前の創価との練習試合で奈良田がマウンドに上がった。キャッチャーまでやっと届く球しか投げられなかった奈良田は15球だけ投げマウンドを降りた。奈良田の引退試合でもあった。

三年になると、期待の大物一年生の近内亮介が入ってくる。市原が現役、大学、社会人、監督生活の中で文句無しにナンバーワン右打者と評するスラッガーだ。

「ピュ！」

凄まじいスピードで風を切り裂く音。

近内の素振りを見た三年生たちは口をあんぐり開けて驚く。

「すげーー、俺たちより遥かにすげーや」

高校野球を二年間みっちりやってきた三年生より、中学出たての一年坊主のほうが優れている。

「今まで俺たち何やってたんだろう……」

三年生は自分たちの素質のなさをあらためて知らされた。だからといって腐らない。

市原からは「矛盾に耐えろ！」とよく言われ、高校野球特有の上下関係にも当然耐えてきた。

先輩からケチョンケチョンにクシャクシャにされても、泣き言も言わずに黙って耐えるしかない。唯一の抵抗といえば、嫌な先輩のユニフォームを洗剤入れずに洗濯機で洗ったり、またムカつく先輩の良質の皮のグラブをわざわざ洗濯機で洗ってボイラー室で干す。矛盾に耐えているささやかな自分への労いである。

冬合宿では、例年一日500スイングだったのを1000スイングに変更。レギュラーは一キロの竹バット。自分たちの身体が小さく非力と認めていたからこそ、とにかく振って振って振りまくった。

秋季大会のブロック予選敗退に続き、翌年の春季大会の初戦日大鶴ケ丘にも5回コールド負け。

「おまえら好きにやれ!」

市原はさじを投げる。いや、実際にはさじを投げて見せただけで、ここから選手自身がどう変わっていくのかを試したのだ。その日は選手たちが率先して一日中芝刈りをした。

この世代は決して背伸びをしない。ミーティングもしっかり聞くし、運もある。

普段から口酸っぱく話している状況判断によるプレーや、セオリー以外での予測可能なプレーが練習試合を通してズバズバ的中していくため、市原が言うことの信憑性も生まれ、監督と選手の信頼性は高まっていく。これは運がないとできないことだ。

能力はあっても試合で出せない選手が多い昨今、彼らは能力のすべてが出せる。そのため打線がチャンスになったときでも安心して見ていられる。

市原にとって、二〇〇〇年世代の打線は間違いなく信頼度が高かった。

夏の東東京大会が始まる。

二回戦　◯10対0　深沢　(5回コールド)
三回戦　◯7対0　京華商　(7回コールド)
四回戦　◯13対1　国学院　(5回コールド)
五回戦　◯12対2　日体荏原　(5回コールド)

もともと力があるチームではなかったが、冬の間に一生懸命バットを振り込んだ成果がやっと実を結び、初戦から大爆発。基準ラインが低いというのもあるが、これだけ急激な成長曲線を描いたチームは今まで見たことがない。

特に四回戦の国学院戦では14安打の猛攻で13対1の5回コールド。一試合6本塁打は当時の最多記録。マスコミ関係者からは、一足早い真昼の神宮花火大会だと騒がれた。

「こんな野球をするチームじゃないんですけどね。打ちすぎです」

市原は驚きを隠せず取材を受ける。

普通、神宮第二球場を見ると狭いと感じるため、ホームランが出そうだなと思って普段のスイング以上に力んでしまう。だが、この世代は背伸びしないで自分たちができることしかやらないため、自然とホームランの数が増えていった。

また、二松学舎は過去神宮第一以外で負けたことがないため、準々決勝まではなんとしてでも勝たなくては、といい意味のプレッシャーも自分たちにかけていた。

五回戦の日体荏原戦も打ちに打ちまくった。経験を積ませるということで一年生を代打で起用。

石井康寛は秘密兵器として夏のメンバー入り。〝秘密兵器〟という単語に少し不安感を覚えながらも今か今かと待ち構えていたところに、市原が「おまえはまだだからね」と秘密兵器のベールはいまだ脱がず。石井は「下級生に経験という前に、俺、この夏で終わりなんだけどな〜」と思いながらも素振りをしてチャンスを伺っていたが不安的中。結局、この大会一度も出場せず、秘密は明かされないまま終わってしまった。

そして準々決勝の相手は名門早実。エースの道正俊明は168センチのサウスポーで前年の夏もエースでベスト4、秋季大会ベスト4と豊富な経験で安定したピッチングを披露。

小さなエース道正対小粒なのに大型打線の対決。

序盤から乱打線。2回表に早実が一挙5点を取ると、その裏に二松学舎は打者一巡で6点。持てる力をありったけ出すが、やはりチームとしての底力がない分じりじりと地力の差が出てくる。それでも全員の覇気が伝わり、円陣組んだときの〝最後まで諦めねーぞ〟という雰囲気は最高。その後は早実の道正が立ち直り、結局14対7で息切れしてしまった。

この二〇〇〇年世代は本当に団結力が強かった。

四回戦国学院戦の試合前ノックで、ファーストの大字隼人がまさかのアゴで送球をキャッチし見事に骨折し入院。チームがさらに団結するきっかけとなり、大字のためにと奮い立つも惜しくもベスト8で敗退。

夏の大会が終わって三年生全員でお見舞いに行き感動の再会を果たすと、流動食の痛々しい姿の大字をなんとか励まそうと、みんなで馬鹿なことをやって笑わせていた。すると大字が笑った勢いで脱糞してしまい、負けて落ち込んでいた仲間全員を笑顔に変えた。「くせーくせー」と言いながらも「大字こそ夏の大会の真のＭＶＰだ」と皆が言い、いつまでも笑い声が絶えなかった。

市原は負けたのに悲しくなかった。むしろ、「よーく頑張った、おまえら。もうなんも文句ねーぞ」といった感覚だった。まるでいい映画を観終わって帰るような清々しい気持ちでいられる。

この世代はなんの勲章もないが、本当に楽しく野球ができた世代。はじめは小粒で力もなく期待値も低かったが、頭で想像していることを選手たちが自然とやってくれることで、期待値の目盛りがどんどん上がっていく。思った通りにうまく噛み合って動いてくれるため、指揮官として期待よりも希望を求めるようになる。

二〇〇〇年の夏は、市原にとってとても楽しい夏の大会という記憶しかない。時代によって求められるものが違うせいもあるが、練習試合でも何やっても苦しくなく、しかもあんな楽しいことは後にも先にもない。

神宮球場の試合で選手たちが攻守交代で戻ってくるとき、愛おしささえ感じていた。まるで少年野球の一、二年生が一生懸命やって頑張っている姿のように映り、「頑張れよー。まだ大丈夫だ、大丈夫だー！」と素直に叫んでいる自分がいる。

市原の心の中には「あんなふうに野球できたら、そりゃ楽しいよな」という思いがいつもある。忘れがちだが、決して失ってはいけない感覚でもある。

この二〇〇〇年世代で練習方法もいろいろ試すことができ、なによりも市原にとって心から楽しむ野球ができたことが大きく、後の世代への指導、姿勢に繋がるものを得たのは間違いない。

市原は面と向かって「おまえ、ツイてない男だよな〜」と笑って言う。馬鹿にして言っているのではない。互いに信頼があるからこそ言えるのだ。

海老原昭一。二松学舎の歴代キャプテンの中でベストはと聞かれれば、迷わず「二〇〇一年の海老原昭一」と即答するほど、市原にとって最も信頼が厚かった男である。

海老原は中学のときに松坂大輔と入れ違いで江戸川南シニアに入り、強肩強打のキャッチャーとして名を轟かせる。いくつかの名門校から引っ張られたが、一九九八年の帝京対二松学舎の決勝を見て「かっこいいよな」という思いが強く心に残り、わざわざ二松学舎のセレクションを受けて入学する。

三月下旬、柏のグラウンドに行き練習に参加し、同期の新入生のメンツを見たとたん、

「なんだこいつら!?　ヤバいな」

そこには失望しかなかった。選手を集められていないのが一目でわかった。二、三年生を見ても通用するのは三人くらいで、あとは身体が小さく小粒な選手ばかり。このとき海老原は包帯を巻いてひとり未来を憂いていた。

実は中学三年の冬に肘の手術をしていた。『変形性肘関節症』。三つの関節から形成されている肘の関節は靭帯や腱などによって支えられ、骨の先端は関節軟骨に覆われている。関節軟骨は骨にかかる衝撃を和らげるクッションのような役割を果たしているが、この軟骨部分がすり減ってくると肘に痛みや変形などが起こってくる症状。

三歳の頃、肘にヒビが入りギプスを外すと骨が内側にくっ付いていた。人間の腕は真っすぐ伸ばすと肘を起点に少し外側に10～15度曲がっているのが通常の状態だが、海老原はどこでどう間違ったのか内側に曲がっていた。普通は腕相撲すらもできないが、良質な強い筋肉に守られていたおかげで、腕相撲だけでなく野球も不自由なくやれた。

中学三年の冬に二松学舎に決まったことで医者と相談し、「一年我慢すれば、今以上に投げられるようになる」と言われ手術を決行。しかし、高校入学式当日、骨を固定していた針金が皮膚を貫通し緊急入院。慶應病院で直ちに二度目の手術を行う。骨を切って角度を変えて接合するのだが骨がなかなかくっつかず、いわばずっと骨折している状態。そのせいで高校二年の夏までまともに野球ができなかった。

練習のときはグラウンドマネージャー、練習試合のときは市原の横にいてスコアラーをしつつ、市原から帝王学的なことを学ぶ。

「おまえの代になったらおまえをキャプテンにするからな」

市原は最初から海老原をキャプテンにすると決め、海老原にもそう伝えることでより自覚を持たせた。

海老原はプレーできずにずっと外から見ているため、チーム内外のいろいろな問題点に気付き、その都度チームメイトに助言すると、

「確かにおまえの言うことはわかるけど、練習やってねえからな……」

最終的には仲間がぼやき出す。

意識だけが先へ先へと行き、チームメイトと次第に距離ができ、海老原自身がプレーしていない歯痒さ、葛藤が錯綜し、ひとり悔しい思いをし続ける。

海老原は覚悟を決めなくてはいけない場面に何度か直面している。

風薫る高校一年の五月も終わる頃、どうにもこうにもといった暗澹たる気持ちが海老原をドーンと沈ませる。

中学三年の一月に母親がステージⅣのガンであることが発覚し、「余命三カ月です」と宣告されたことが頭からずっと離れない。希望を胸に抱いて高校入学したものの、母親のこと、自分の怪我なども含め、ずっと悩み続けていた。

一番いい選択肢は何か。十五歳の少年が考える選択肢などひとつかふたつしかない。

「やっぱり学校へ行っている場合じゃない、働こう」

そう決意した海老原は担任に退学届を出す。いきなり退学届けを渡された担任は慌てた。早速、市原を呼び三人で応接室に入る。

殺伐とした空気を切り裂くように、

「辞めさせてください」

海老原は姿勢を正し目を見開きながら言う。

「ヤベ～、ぶっ飛ばされるんだろうな」と思いながら頭を下げた。頭の中で「おまえ、何を考えてるんだ!?　ふざけるんじゃねえ！」と怒鳴り声が来るのを想定していた。怒られる前に先に全部伝えようと、内心はドキドキながらも落ち着いて自分の思いの丈を話す。

市原は、ただ黙って噛み締めるように「うんうん」と頷いているだけ。

「あれ？」

シミュレーションとは違う反応に少し違和感を覚える。海老原は思い残すことがないようにすべてを吐き出し、反撃に備えて構える。

しかし、それでも市原はただ黙って海老原の顔を見つめている。いつもは鋭い目つきの市原が、菩薩のような優しさを含んだ眼差し。沈黙という乾いた空気が応接室の非日常的な空間をすっぽり包む。

「そうか……」

市原がゆっくり口を開いた。

「でも大丈夫だ。絶対大丈夫だ。何かしてあげられるから。お母さんの願いでもあるから、おまえ、野球やれよ、大丈夫だから」

この言葉を聞いた海老原は何も言えなくなった。

母親に楽をさせたいという思いもあり、幼少の頃からプロ野球選手になることを夢見ていた。しかし、十五歳の少年では支えきれないほど、現実に起こる問題は非情でかつ過酷であった。母親の病気、自分は怪我で野球ができない、仲間との確執、そしてひとり暮らしでコンビニ弁当を食べる侘しさ、当たり前なことがすべてなくなった気がした。超孤独に耐えるには、大人になるしかなかった。

怪我していたことを理由に練習も怠り、辛いことから避けていた自分がいたのもわかっている。

だからこそ海老原は自分ですべてを背負い込み、そして押し潰されそうになったところでの結論が〝退学〟だった。

もうギリギリの状態のところを、市原が優しく受け止めてくれたのだ。

「わかりました。ありがとうございます」

海老原は心から素直に言えた。

思ってもみなかった市原の言葉が、海老原のガチガチに強張らせていた心を氷解させ、〝辛さに耐える、でもそれはひとりきりじゃない〟、そんな気にさせてくれたのだ。

「絶対大丈夫だ。何かしてあげられるから」という温かみのある言葉が、海老原に前を向く活力と勇気を与え、180度意識を変えた。

生まれ変わったように、海老原は野球に没頭した。

肘の故障によりみんなと一緒に練習できない代わりに、ウエイトやランニングを人一倍やり、高校二年になるとグラウンドマネージャーとして、一年夏からベンチ入り予定の一学年下の森、上野、近内、山崎の教育係をやり、上と下の代の緩衝剤としてチームが円滑に動けるように自分がクッションの役割を担う。

そして、高校二年の夏の大会終了後、慶應病院で診察を行った際に「このままだと在学中に完治は難しい。だったら高校で野球を終わるつもりでやることも選択肢としてある」と言われ、その日から練習を開始する。

壊れた右肘を持つ海老原はファーストしか守るところがなく、今までの分を取り戻すかのように泥に塗れて本格的に野球に打ち込んだ。バッティングは肘の故障のためインコースを打っても詰まってしまう。引っ張ろうとは思わず流すことだけ考えて、外のストレート、変化球を投げさせようと工夫してバッターボックスに立った。

秋季大会からファーストでレギュラー。ランナー二塁でライト前に飛んでも投げられないから中継に入れない。セカンドに「わりーんだけど、カバーに入ってくれないか？」と言い、チームメイトも海老原の肘の状態を知っているので、みんながカバーして助けてくれた。

冬は土日祝日しかグラウンドが使えないため、皇居の周りを走り、ウエイトし、家に帰ってからもジムに行き、それから素振りと、とにかく最後だと思い誰にも負けない練習をしてきた。チームのため自分のため一心不乱に練習をやっていた海老原だったが、とうとう限界が来た。肘があまりの激痛を伴い、練習に耐えられなくなっていた。考えて考え抜いた末、春季大会が終わったとき市原に告げる。

「肘が無理なんで……代えてください」

「わかった」

いくら肘の故障があったにせよ、せっかく奪取したレギュラーの座を自ら放棄せざるを得ない屈辱感たるや、海老原はこの思いを一生忘れない。

「だから、おまえの代はダメなんだよな」

周囲から悪気もなく言われるのは、あまりにもあり得ないことばかり起きるからだ。

最後の夏の大会もそうだった。

二松学舎の歴史を語る中で、『幻のホームラン』という単語は欠かせない。

二〇〇一年夏の東東京大会三回戦（初戦）城東戦。3対4で1点差を追う7回裏、2アウトランナーなし。

場内のアナウンスが鳴る。

「三番、サード、近内くん！」

東京都屈指のスラッガーの登場だ。

威風堂々とバッターボックスに入った近内は、甘く入ったストレートを真芯で捉えると、打球はグングンセンター方向に伸びていき、ホームラン。二松学舎ベンチ、スタンドともに大きな歓声が湧き上がる。

近内はゆっくりベースを回っていると、なぜかセンターがボールを処理してショートへ返球。ボールはスタンドを覆う金網のクッション部分に当たって跳ね返り、グラウンド内へと戻ってきたのだ。

三塁を回ったところで近内は足を早めるが、ホーム寸前でタッチアウト。場内がざわつく間、一旦は守備についたものの、市原の「戻れー！」の号令で二松学舎ナインはベンチに戻った。

「おい、抗議に行ってこい！」

海老原は球審のところへ駆け寄り、

「入ってるんじゃないですか？」

審判団がマウンド上に集まり、審議を始める。結局、二塁塁審が入ってないことを主張し、ホームランと認められず。明らかなホームランなのに誤審により同点のチャンスをふいにする。最終回、1アウト満塁まで詰め寄るが得点は入らず、結局1点差のまま3対4で初戦敗退。

市原は悔しそうに海老原に言った。

「おまえを出すタイミングが早すぎた。9回2アウト満塁のときにおまえだった」

海老原は4回に代打で出て、ライト前にクリーンヒット。高校生活最後の打席だった。

二松学舎に勝った城東は、順当に勝ち進み見事甲子園を決めた。

敗けるには必ず要因がある。

アクシデントがあったにせよ、最終回同点逆転のチャンスを生かせられなかったのはなぜか。作戦云々より最終的には市原から植え付けられた野球、私生活への姿勢を120%意識して過ごしていたかどうかに行き着く。

勝負は技術だけでは勝てない。心の充実があるからこそ力が出る。幻のホームランは野球の神様のイタズラではなく、人生そのものを問いかける試練だと海老原は思っている。

引退して市原との進路相談のときだ。

「おまえ、何やるんだ?」

「土方でもやります」

「せっかく自分を変えられたんだから、おまえみたいな男こそネクタイを締めて会社へ行けよ!」

当時の二松学舎の卒業生はほぼ進学し、就職は全体の2、3%。家が貧しいことを知っている市原は、あえてこのような言葉を投げつけた。海老原だからこそきちんとした組織に入って活躍してもらいたい、いや活躍できると思ったから言ったのだ。

海老原は卒業してからも迷った時期があった。人間生きていれば誰でも一度や二度迷うときもある。手っ取り早くお金を得るには道を外した仕事しかない。そこのボーダーラインを踏み外すか外さないかは、結局自分がどうしたいのかという思いしかないのだ。

もし踏み外したとき、高校時代にせっかく変えてもらったのにどういう顔をして市原に会えばいいのか。何十年後に「あなたに教えてもらったこと、変えてもらったことで今こうなっています」と堂々と胸を張って言いたい自分がいる。

その思いが強かったから、向こう側の世界へ行くことを留まらせた。

目標を見失った辛さ、市原という支えもいない、何かあれば頑張れるけど何をやっていいのかわからないといった歯痒い奴らがたくさんいる。とりあえず遊ぶにも金がいるから、金を手にしたい。簡単に金を手にする方法を覚えて味を占め、そこから抜け出せない。

海老原は奴らの気持ちが痛いほどわかるだけに何とかしてやりたくて、暇を見つけては一緒にグラウンドへ行ったり、野球部の試合の応援をしたりすることで、もう一度道を正すきっかけになってくれたらと願っている。

それが、市原から教えてもらったことへの恩返しだと思っているからだ。

第五章

維新

無敵のクリーンナップ

近内亮介　山崎裕史　五味淵健太

二松学舎の歴史を語るには欠かせない〝夏の決勝十連敗〟。

実は、二松学舎以外にも、夏の決勝十連敗のチームが存在していた。

北海道の旭川東。前身の旭川中時代に、日本プロ野球初の300勝投手である伝説の大投手ヴィクトル・スタルヒン（元・巨人）を擁して二年連続で決勝まで勝ち進むが、あと一歩及ばず。この十連敗は大正時代から戦前戦後を通じての記録で、もはやおとぎ話に近いほど古い記録だ。あと、高知高校が一九八一年（昭和五十六年）に夏の甲子園に出場したあと、二〇〇五年（平成十七年）までに県大会決勝十連敗している。しかし、高知高は十連敗前に夏の甲子園に何度も出場している。

そういった意味では、夏の甲子園に出場したことがない二松学舎の〝夏の決勝十連敗〟は、近年稀に見る悲運な記録と断言していいだろう。

その中でも、二〇〇二から二〇〇四年の三年連続決勝敗退というのは、東京、大阪、神奈川といった超激戦区ではまず見かけることがない屈辱の記録である。

この三年連続敗退は、市原にとって寿命が縮まるとしか思えない悪夢のような決勝戦だった。この三つの決勝戦はそれぞれコントラストと意味合いが異なり、その後の二松学舎のスタイル、ひいては市原の野球観にまで大きく影響を及ぼしたのである。

毎年毎年新チームを作るとき、まずはじめに自分が描く構想とマッチするかどうか選手の本質を見極めながら作っていく。

大抵は、身体が小さい、投手力が弱いといった弱点が露呈し、また、このチームならいけると思っても怪我があったり、成長度合いが少なかったりと、いろいろなアクシデントが重なりその都度、軌道修正しながらチーム作りをしていく。

まだ三十代半ばの血気盛んな市原は、一度決めたことを変えるのは信念を曲げてしまう気がしてならなかった。そういう意味でも、この二〇〇二年世代は最初から最後まで大きなアクシデントもなく、自分の構想通りにできたと心から言える。

一九八二年選抜甲子園出場からおよそ二十年が経過し、有望な選手たちが集まりづらくなった時期に奇跡的に集まった世代。現在の強豪・二松学舎の扉を開いてくれたのは、この二〇〇二年世代であることは間違いない。

ピッチャーはMAX147キロの剛腕サウスポー森裕幸、抑えに一学年下の本格派の小杉陽太（現・横浜DeNA）とプロ注目の左右のピッチャーを配備。

クリーンナップに近内亮介、山崎裕史、五味淵健太の100発トリオ。

一九九八年の決勝戦敗退後から打撃のチームを目指して練習し、そこから五年目でようやく理想に近づけた。

なによりも野球の醍醐味はやっぱりホームラン。野球を知らない人でも、一目見ただけで凄さがわかるのがホームラン。MLBでも一九二〇年代にベーブ・ルースがホームランを量産してから人気が爆発した。日本プロ野球でも巨人の王貞治が一本足打法でガンガン打つようになってから巨人人気が不動になり、プロ野球が隆盛期に入った。

青空の下、広い野原でピッチャーが投げたボールをバッターが思い切り打って、大きく虹のような弧を描いてボールが飛んでいく。かつて幼き頃に経験した、このような原風景での野球が一番楽しかったはずだ。思い切り投げて思い切り振る。これこそが野球の原点。

戦略戦術と野球が小難しくなっている今だからこそ、原点の野球の醍醐味を味わいたい。野球人なら誰でも一度は豪快な野球をしたいと夢を見るもの。それが少しだけ近づいたのが二〇〇二年世代である。

この二〇〇二年世代の面白いところは、軟式出身者が多いところだ。

昨今の甲子園常連校ではシニア、ボーイズ、ポニー、ヤングなどの硬式出身者がほとんどで、軟式出身者を探すほうが難しい。硬式出身者のほうが慣れている分、早く出てくる率は高いが、むしろ軟式出身者のほうが変なクセが付いてない分、伸びやすいとも言われている。最終的には、硬式出身者だろうと軟式出身者だろうと変わらないというのが専門家たちの総論である。

とにかく二〇〇二年世代の近内・山崎・五味淵のクリーンナップは、他校からも垂涎の的であった。現に、立川球場で二〇〇一年秋季大会ブロック決勝帝京と対戦のとき、試合前に市原は何気なくスタンドを見ると、東京都の強豪校の監督たちがズラーッと見に来ている。

「あれ？　なんでこんなに見に来ているんだ？」

市原は、そんな大注目の試合だと認識していなかったため不思議に思う。

試合が始まると、帝京がスクイズで点を取り、二松学舎はパカーンとホームランで点を取る。そんなパターンを二、三回繰り返していた。二松学舎がホームランを打つ度にスタンドのほうに目をやると、他校の監督たちが「まいったな」といった感じで苦笑いをしている。

今まで帝京にやられていたことを、二松学舎がやっている。市原だって人間だ。このときだけは、ほんのちょっとだけ心地良かった。

四番・山崎裕史は身長182センチ、体重82キロの堂々たる体躯で、いわゆるゴツい感じ。一年秋から四番に座り、どんなに不振であろうと四番から外されることはなかった。四番という重責を人一倍感じ、前後の近内、五味淵がバカスカ打っているのに、自分だけが打てない期間が長かったため悩み苦しんだ。その分必ずどこかで爆発するんじゃないかという期待が市原にはあった。高校通算27本。

五番・五味淵健太は、入学時に180センチ120キロの相撲取りばりの様相で登場。

「おまえどうしたんだ?」

市原はあまりの大きさに目を白黒させる。この状態でみんなと同じ練習メニューをやらせたら、ひざに負担が来て壊れるのは目に見えている。

「おい、走るメニューはやらなくていいから、グラウンドのフェンス沿いを歩いてろ」

まずはグラウンドの周りを歩かせた。

中学時代は1本しかホームランを打っておらず、練習でもレフト方向にしか打球が飛ばない。「逆方向に打て!」と口酸っぱく言い続けたことで、変化球に対応できるようになり、試合でもバカスカ打てるようになった。市原が一から育てたスラッガーでもある。愛くるしいキャラクターで、愛称は〝ごみちゃん〟。高校通算46本。

そして三番・近内亮介は、市原待望の天才スラッガー。

他の二人に比べると身長は3、4センチ低いが、見るからにバネ仕掛けの身体の持ち主。バッティングというより狩りをしている感じ。球が速くなればなるほどスイングも速くなっていくし、難しいボールでも自分のゾーンに呼び込んで簡単に打ってしまう。持って生まれた天才的センスがあるとしか思えない。

この三人をあえて評すると、三番・近内は天才、四番・山崎は努力、五番・五味淵は天然といったところか。

柏のグラウンドの周りはとにかく緑だらけ。緑地というより鬱蒼と生い茂る森や林があり、カブトムシやクワガタ、狸や狐が出るのは当たり前、蛇もウジャウジャいた。

十六～十八歳という多感な時期、暇さえあれば先輩は後輩に悪さをする。

クワガタを捕まえて、後輩の鼻にクワガタを挟んでの〝鼻フック〟なんぞは可愛いもの。カブトムシの幼虫を見せつけ「大選手になるには食わず嫌いはいけねえぞ」と差し出す。

度胸試しでウエイト室にアオダイショウを投げ入れ、下級生に軍手を渡して「戦え！」と言ってひとりずつ放り込まれる。アオダイショウ対人間の戦いだ。

ほんわかして愛くるしいキャラの五味淵は、特に先輩たちにイジられ可愛がられた。

帰りの電車の中ではいつも下を向いてポツリポツリと汗を垂らし、それを間近で見ていた近内は、ただただ肩をポンポンと二回叩いて「頑張れ頑張れ」と無言のエールを送る。

五味淵は毎朝起きる度に「今日こそ辞めよう」と決意して学校に行く。でも、中学から一緒にやってきた近内がいる以上、ひとりだけ脱落するわけにはいかないと思い留まる。高校二年の新チームになるまでは、これの繰り返しだった。

青春とはいつでも熱く尊いものではなく、時に辛くしょっぱいときだってある。

下の代からは〝スター軍団〟と羨望の眼差しで見られていたが、スターというよりも努力を重ねて地位を勝ち取った選手たちという印象のほうが強い。眠っていた潜在能力を上手に手綱を引いて開花させた市原の手腕は大きい。

ただ、本当の意味で〝スター〟という言葉が当てはまる選手といえば、近内亮介、ただひとりである。彼だけは最初から本物だった。

本物を使わない手はない。

早速、近内は一年夏から三番サードで出場する。一年夏の二〇〇〇年東東京都大会準々決勝の早実戦のホームランは、見た者全員が「凄い」と口にしてしまうほど打ち方から打球まですべてにおいてハイレベル。

5点を追う2回裏、二松学舎は長短打を重ねて4点を返し、なお2アウト二塁。ここで三番・近内。一年生ながら今大会2本のホームランを放つスラッガー。早実のエース道正は小柄ながらキレのいい球を投げるサウスポー。

クロスファイヤーの内角低めの難しいストレートを上手くさばいて、打球は曇り空を切り裂きレフトのポールの一番上に当てる大ホームラン。通常なら身体が開いてファウルになってしまうのだがファウルにならない。プロでもインコースの難しい球に対し、身体を開かずにフェアゾーンに入れる打ち方の会得に試行錯誤しているのに、近内は高校一年にしてすでにさばく打ち方を身につけている。打った瞬間、市原も「凄い！」と唸るほど、誰も真似できないようなインコースのさばき方に感服するしかなかった。

実は試合前日、早実のサウスポー道正対策として、三年生の左ピッチャーに頼み込んで、インコースギリギリの球を何球も投げてもらった。だからといって試合で打てるとは限らない。すぐ対応できてしまうのが近内の持っている天性のセンスなのだ。

市原は、バッティングに関して近内に一切何も言ったことがない。ただひとつ言ったのは、高校三年春季大会のときに「トップの構えが高すぎるから、もう少しだけ下げてみたらどうだ」。三年間でこの一言だけだった。

誰もがセンスの塊と認める近内だったが、才能が溢れに溢れ出るほど、成熟していない身体のどこかに歪みが出てくる。近内は左手首の腱鞘炎で高校時代ずっと苦しむ。そのため高校二、三年の練習試合はまったく出ていない。高校通算24本のホームランのほとんどが公式戦であり、もし万全の状態で三年間試合に出ていればどれだけホームランを打っただろうか。

そもそも左手首を支えている骨がちょっとズレていたため、かなりの負担が生じており、高校一年の一月に手術することに踏み切る。まず左手首の尺骨を短縮し、靱帯も少し切って骨と骨の間にボルトを入れたため、およそ半年間のリハビリを要した。手術をしたため当然練習には参加できない。市原に言わせれば、練習しなくても持って生まれたものがあるから、いきなり打席に立たせても打ってしまう。もっと具体的に言うと、打ちそうな雰囲気ではなく、ホームランが出るなぁと思うとその通りにホームランを打ってくるのだ。だから、天才と呼ばれる。

近内は「センスがある」と呼ばれるのは嬉しいが、「天才」と呼ばれるのは少々しゃくに触る。別に何もしなくて打てているわけではない。

小学一年の頃から兄と一緒に父親のスパルタ教育の下、練習に練習を重ねてきた。毎日学校が終わってから家でティーバッティング、家の周り（一周400メートル）をダッシュとジョグを繰り返しながら五周ランニング、最初は嫌々やっていたが次第に野球にのめり込み、それからはすすんで猛練習をやり続けた。

〝ゴールデンエイジ〟という言葉がある。そもそも〝運動神経〟とは、脳から身体中の筋肉への動きの指令を送るための神経を表す。

一般的に五〜八歳までは著しく神経系が発達する成長期であり、九〜十二歳（ゴールデンエイジ）の時期は、神経系の発達が完成に近づく成熟期に入る。動きの巧みさを身につけるのに最も適し、さらに一生に一度だけ訪れる、あらゆる物事を短時間で習得してしまう時期でもある。このゴールデンエイジの時期に、近内は猛練習を積んだおかげで中学、高校と才能が開花し、後に〝天才〟と呼ばれる。

リハビリの期間はとにかく下半身強化に努め、毎日皇居の周り（一周約五キロ）を三周以上走っていた。小学一年から地道な練習を続けていることもあって、ランニングやウエイトなどまったく苦でなく、打てるようにとかチームのためにとかではなく、鍛えるためにやるといった感覚で平然とやっていた。リハビリ期間が終わり実戦に向けての調整段階になったときでも、市原はなるべく練習試合に出さなかった。より良い状態で大会に挑ませるために練習して作り上げるのではなく、感覚を忘れないことを主眼として調整させた。

優秀な選手は作れるが、〝天才〟は作り上げることはできない。持って生まれた才能を努力で開花し、研ぎ澄まされた感覚を磨きながらどう維持していくか。近内が持っている感覚は誰にも説明できないし、真似もできない。だからこそ、市原はその感覚を大事にするべく、故障明けの近内を無理に練習試合に出させて調整させたくなかった。そして、高校二年の夏前に復帰。ギリギリ夏の東東京大会に間に合った。

近内と五味淵は、中学の東板橋シニアのときから一緒で勝手知ったる仲だ。もちろん、五味淵も近内の能力の高さは十分認めている。

五味淵は毎日の練習や試合の中で打てるボール、打てないボールを探りながらやり、反復練習では決め打ち。近内はストレートだろうが変化球だろうが、自分が打てるところに呼び込んで打つ。こういった感覚は他人に計り知れないもの。そういう近内も家に帰ってからも努力を惜しまなかったが、五味淵は家で素振りをしたことがない。家にバットを置いていなかったし、グラウンドを一歩出たら余計なことを考えないタイプだった。

五味淵と近内は感覚的な部分が似ている。素振りにしても意味のない素振りを何回しようが無駄、1000回振るよりも全力投球の10球を打ったほうが何倍も意味があるという考え。

一方、山崎は違う。野球に対しての思いが相当強く、反復練習をやった分だけ心身ともに鍛え上げられると信じ、1000回素振りすれば1000回分の効果があると決めてかかる。不器用なだけに努力でカバーするタイプ。

調子が落ちているとき、たまたま三人で素振りをする機会があった。山崎は汗でベチョベチョになるくらいビュンビュン振っているのに対し、近内と五味淵は打てないときは何をやっても打てないんだから、感覚だけはいつもいいイメージを持っておこうと構えとバットの出方だけを確認し合って終わり。

他のスポーツをやると、不器用器用が如実に判明する。ある雨の日、みんなで練習の一環としてバスケットをやり、近内とピッチャーの森はリズム良く動いている。五味淵なんかもともと中学時代バスケ部だったので動けるデブとして俊敏で上手い。リズム感のある者は自分の頭の中に身体が動くイメージがある。かたや山崎がバスケットをやっている姿を見た市原は「やっぱりな〜」と呟いた。

そんな三者三様の三人で、東京都の高校野球界を震え上がらせるクリーンナップを形成していた。高校二年の夏は三番・近内、四番・山崎、六番・五味淵。高校二年秋の新チームから、五味淵が五番に繰り上がって不動のクリーンナップとなる。

高校二年秋の二〇〇一年秋季大会、二松学舎は自慢の打線が爆発し順当に勝ち進み、ついに決勝で日大三高と対戦。

6対3と3点リードされて迎えた最終回、2アウト満塁でバッター五味淵。この大会7本のホームランを打ち、前の打席も右中間フェンス直撃の二塁打で打撃絶好調。

カウントや状況によってどんな球が来るかがわかり、自分が思い描くスイングをし、思った通りに打球が飛んでいくのがイメージできる。力まかせに打つのではなく、狙い球をちゃんと絞ってきちんと打てば、自然とホームランになるという極意がわかった。まさにこの大会、五味淵は神がかっていた。

最終回、2アウト満塁3点差。ここで一打出ればヒーローになれるおいしい場面。五味淵は意気込んで打席に立つ。

初球、ストライク。

「あれ？　違うぞ。ヤバいな〜」

前の打席で見た球じゃない。今まで見たこともないキレのある球が来て、明らかにギアを上げてきている。

二球目もストライク。次もストライクで空振り、三球三振でゲームセット。

この瞬間、神がかっていた五味淵の魔法は解けた。ここから夏の大会、いや大学まで苦しむことになる。

二〇〇二年二月一日、二十年ぶりの選抜甲子園出場が決まった。

市原が出場した一九八二年以来の甲子園出場で、学校中が歓喜に湧いた。手応えがあるチームだけに、フロックではなく実力で選抜に出られることは、市原にとっても喜ばしいことだった。

対戦相手は、地元大阪の名門大体大浪商。それも開会式直後の第一試合である。開幕第一試合、おまけに大阪対東京対決と注目のカードとなる。

「一番嫌なカードを引いたな」

市原は頭を掻きながら対策を考えた。

甲子園での試合は予選と比べると、時間の経過がものすごく早いと言われている。どの監督に聞いても「あっという間に終わるよ」と口々に言う。ましてや開会式直後の物々しい雰囲気の中での試合はかなり難しい。一度アップしてから開会式に入るためクールダウンし、セレモニーが終わり次第、満足な準備もなしに試合にすぐ入るので選手にとっても相当やりづらい。

二〇〇二年三月二十五日、第七十四回選抜高等学校野球大会の盛大な開会式が始まった。入場行進が滞りなく進み、高野連会長の開会式宣言、選手宣誓が済み、無事開会式が終わる。そして開幕第一試合の準備に入る。

大阪対東京という注目の開幕第一試合のカードだったが、抵抗虚しく4対5で負けた。選抜甲子園で一番最速の敗退だ。確かにあっという間に終わった感じだ。要所要所は覚えているが、なんかふわふわした感じで、甲子園の余韻に浸ることもできずに去っていってしまった感がある。

慌ただしい中で東京に戻り、甲子園敗退から一週間後の四月一日、高校三年に進級したばかりの春、二〇〇二年春季大会が始まる。

二松学舎は危なげなく順当に勝ち進み、準々決勝で帝京と相見えることになった。

二〇〇二年春季大会から遡ること七カ月前、帝京監督の前田三夫は秋のブロック予選の対戦相手表を見てこう呟いた。

「二松学舎は一番マークしていたチームだ。大変なチームが来たな」

二〇〇一年秋季大会ブロック予選決勝帝京対二松学舎。帝京が2対9のコールド負け。過去、秋季大会ブロック予選は一九七八年関東一高に引き分け再試合で7対4、一九八三年城西に4対2で負けたことはあるが、秋季大会ブロック予選コールド負けは帝京史上初。

鬼の異名を持つ前田は、コールド負けした翌日から主力を含めた二年生全員を干す。グラウンドには入れるが、メインとして練習させない。

帝京では、三年間レギュラーのまま練習することはまずあり得ない。必ず一回はどこかで干されて裏方を経験する。普段の私生活等でヘマをしたときは、制服のままグラウンドの脇で砂埃に塗れながら直立不動でいなくてはならない。

二〇〇二年の主力の吉田圭（元・広島）、松本高明（元・広島）、四番バッター坪木智の三人でさえ、土埃をかぶりながら制服姿でずっと立っていた。部室にも入れないのでシャワーを浴びることもできず、着替えもすべて外。完全に部外者扱いだ。前田に「バッティングに入れ！」と言われたら解禁。それまではずっと干された状態のまま。

早々と九月のブロック予選で負けたため、帝京の選手たちは、

「これから俺たち何に向かってやっていけばいいのだろう……」

目標を見失うし、干されて練習はできないし、やるせない気持ちだけが募り、選手たちの気持ちはバラバラになった。

雨の日、普通なら体育館かどこか室内で練習するのに、

「今日はもう帰っていいぞ」

前田がそう言うと、選手たちは喜びを噛み締めながら一同帰っていく。キャプテンの奈良隆章は帰り支度をするチームメイトに、

「おい、練習しようぜ」

「別にいいよ。じゃあな」

「監督が帰っていいって言ってんだから帰るよ」

誰も奈良の話に聞く耳を持たない。キャッチャーの笹沢学に「これ、まずいよな」と相談しながら、奈良はあることを決意する。

雨が降りしきる中、奈良は地図を片手にある家を探していた。

「ここかぁ」

「ピンポーン」

躊躇せずにインターフォンを押す。

「はい」

「すいません、帝京高校野球部の奈良です」

玄関のドアがガチャッと開く。

「どうした?」

前田が部屋着のまま出てきた。

「お話があります」

玄関先のポーチで奈良は直立不動で立っていた。

「おう」

「本来なら雨で練習が終わることはなかったと思うし、こういう結果を招いているのは僕たちの現状が原因であることはわかっております。もう一度立て直したいので、今まで通り熱い指導をお願いします」

「わかった」

前田はそれだけを言い残してドアを閉めた。

次の日、普通に一年生だけで練習をしている。二年生は相変わらずランニングもできずただ球拾いだけ。キャプテンの奈良が直談判したからといって、「はいどうぞ」と練習参加を認める前田ではない。とりあえず前田は奈良を監督室に呼び、チームの現状を聞いた。奈良の話に黙って耳を傾け、

「わかった」

それだけ言って、前田は険しい顔で一年生が練習しているグラウンドに目をやった。

ただ黙って球拾いしていてもなんだからと、キャッチャーの笹沢は自主的にポール間をランニングしたり、ライトあたりでめちゃくちゃ声を出している。

「よし、笹沢入れー!」

前田は叫んだ。

球拾いであろうと、ファイトを見せていく二年生は、次々と練習参加を認められる。

もともと高校二年の夏から、七人をレギュラーに抜擢して期待されていた世代。レギュラーだ

からといって、安穏とした気持ちが勝ちを一番遠ざける。ふんぞりかえる奴が最も邪魔。常に緊張感を持続させるためにも一回レギュラーから外し、〝奪い返せ〟というチャレンジを与える。「下級生を鍛えるからな！」と言われても、グッと睨み返すくらいの根性を見せてほしいのだ。「おい、おまえいらねえ、誰かいるか」と本気でレギュラーを外すというプレッシャーを与えながらも、パッと手を上げた選手に「ちょっとやってみな」とバッティングさせ、良ければそのまま使う。何の迷いもなく、それまで出ていた選手を平気で外す。『常勝軍団』であり続ける、勝ち続けるための原理原則である。

二年生が通常の練習をするようになってから、前田はことあるごとに奈良を呼び出し、

「今はどうなっているんだ？」

いち早くチームの内情を把握しておきたかった。奈良もキャプテンとして正直に答え、前田は奈良の言った通りに選手の入れ替えをやるほど、奈良に全幅の信頼を置いていた。

帝京の二〇〇二年世代は、高市、吉田、松本とプロに三人行くほどの逸材がおり、個々の能力は確かに高かった。しかし、この個性的な面々をまとめたのは、他でもないキャプテンの奈良隆章だ。干されてバラバラになったチームを憂い、なんとかするために前田の家まで行って直談判。この話を聞いて心が動かない者はいない。高いキャプテンシーを持つ奈良は常に勝つためのチームの在り方を模索し、戦う集団を形成し統率していった。

本気で勝利を求めていない人の下で本当の教育はない。最初から教育という言葉で逃げ道を作るのも教育にあらず。

奈良が前田の下で野球をやってきて到達した持論である。

二〇〇二年春季大会準々決勝、二松学舎は二年生の木村豊が先発。明らかにエース森を温存。帝京はエース高市俊（元・ヤクルト）が先発、ベストメンバーで挑む。帝京は、秋も冬も二松学舎を倒すことをずっと考えていた。6対6のまま延長戦に入り、10回表、二松学舎の天才・近内にツーランホームランを浴びるがその裏、帝京は追いつき、結局延長13回、9対8で帝京の勝利。エース高市は228球の完投勝利。

この勝利は、帝京にとって是が非でも欲しかった勝利である。前年の秋季大会に、屈辱のブロック予選コールド負けという帝京の輝かしい歴史に汚点を残してしまった。前田以下選手たちは秋、冬の間、二松学舎だけを過剰に意識して練習をやっていた。

実は、選抜甲子園開幕日に帝京は遠征でバス移動の最中、普段はめったに見ないテレビの電源を入れて二松学舎の試合を観戦。試合が経過していく中、二松学舎の選手たちがベンチで帽子を取って和やかなシーンがチラチラと映った。それを見て「二松、天狗になってるな」と各自が思い、ミーティング時に「二松学舎に隙がある」と確認し合ったことで戦うスイッチが入った。

二松学舎に勝った帝京は春季大会を優勝し、そのまま関東大会も優勝する。

日大三高監督の小倉全由は、春季大会準々決勝二松学舎対帝京戦をスタンドで観ており、「あの試合で二松学舎が勝っていれば夏も勝ち、黄金時代が作れただろうに」と後に関係者に語ったほど、二〇〇二年世代の二松学舎は大注目されていた。この春の一戦が夏の大会にも大きく影響してくるとは、まだこの時点では誰も予想だにしなかった。

二松学舎のエース森は、１４０キロを超えるストレートを武器に、カーブ、チェンジアップ、スライダーを交える左の本格派。コントロールに難はあるが、それも持ち味。見た目は人懐っこい感じだが、一旦マウンドに上がると人が変わったようにスイッチが入り、気迫で投げる。「俺はここしかないから」と自ら胸のあたりを指し、強いハートを持ってバッターをなで斬る。本物のピッチャーはたとえど真ん中でもファウルにしたり、打ち取ったりすることができると言われるが、絶好調時の森もど真ん中に投げてもファウルにしたり詰まらせて打ち取ったりした。

軟式出身かつサウスポーは市原と同じスタイルで、市原は入学当初から森に期待をかけてきた。入学したての頃は、あまりの制球の悪さで出れば打たれるの繰り返し。バッティングが良いので、一時は野手に転向させようと最終テストの意味合いであえて強豪校に投げさせると、思いがけない素晴らしいピッチングを披露。首の皮一枚で繋がり、強運も持っている。

軟式出身の森は、入学した頃、高校野球がこんなにもメディアに注目され、たくさんの観客が見に来てくれることに感激し、嬉しくて仕方がなかった。一年夏から主戦で投げており、市原からは「おまえらの代は絶対甲子園行けるぞ！」と言われ続けてきた。とにかく周りからも認めさせないとエースナンバーを背負ってはいけないと思っていた森は、一日一日を後悔しないようガムシャラに練習をする。一日８００球投げるときもあれば、二日で１３００球、三年間誰よりも投げ込んだ自負がある。全体練習、個人練習、ウエイトが終わってから、最後にライトからレフトまでのダッシュを毎日40往復。冬合宿のときは一週間で５００往復という目標を立てて、一日

100往復したときもあった。誰にも文句を言われたくなかったので、一番最後まで残って練習をやっていた。

一学年下の小杉陽太が入部するとき、市原から「すげえのが入ってくるぞ」とわざとプレッシャーをかけられた。高身長で右の本格派の小杉は市原好みでもあり、絶対負けたくない一心でさらに練習をやった。

そして、高校三年最後の夏、二〇〇二年東東京大会が始まる。

優勝候補は二松学舎と帝京。他校がこの二強に付け入る隙はどこにもない。

初戦は都立江戸川。夏の大会の初戦は、どんな強豪校でも夏独特の緊張や初戦の硬さというのもあって慎重になる。おまけに年一回、江戸川球場で都立江戸川とナイターで練習試合をしていたこともあって、都立江戸川は二松学舎のデータを完全に分析し本気で勝ちにきている。

二松学舎の各打者によってコースから配球まで細かく指示され、状況に応じて守備位置まで変更。相手の綿密な研究によって打線は抑えられたが、森を攻略することができず、森は2点取られたが14奪三振140球、5対2で辛勝。

初戦ということもあり、ガンガンに飛ばしバテバテ。「夏はこんなにしんどいんだぁ〜」と思いながら合宿所で床に入ると、翌朝、あまりの疲労で起き上がることができないほどだった。

三回戦　○5対2　都立江戸川（森13奪三振）
四回戦　○7対0　城北　（小杉完封）
五回戦　○10対0　明治大明治（7回コールド　1安打完封）

準々決勝　○6対1　京華商業
準決勝　○9対2　安田学園（7回コールド）
　100発トリオのクリーンナップ、山崎を中心にバカスカ打っているのが目立つため、順調に勝ち進んでいるように思えるが、森は準決勝まで23イニングを投げて四死球18。数字でもわかるように制球力に不安が見え、もうすでにバテバテの状態だった。

　一方、帝京は二〇〇二年春季大会優勝から勢いに乗って関東大会優勝、そして夏の大会決勝まで公式戦16連勝。四年ぶりの決勝進出。

　この世代の帝京と二松学舎のメンバーは同じ中学校に通っていたり、シニア、ポニーで同じチームだったりと、顔見知り同士がたくさんいた。

　当時の帝京は、約九十メートル四方の校庭を野球部とサッカー部が共有して使っていた。一塁線後方から二塁後方にかけて高さ約八メートルのゲージが並び、「上を打つなよ」と言われても遠慮なくフリーバッティグでガンガン打ち、ネットを越えてサッカー部が練習しているところにボールが侵入する。サッカー部のグラウンドには一年生が守り、硬式球の処理はもちろん、サッカーボールが横から飛んでくるので気が気じゃなかった。

　そんな劣悪な環境下で野球部は甲子園三度優勝、サッカー部は冬の選手権六度優勝している。野球部はサッカー部の練習を見て「ずっと走りっぱなしだぜ、サッカー部きついよな」と思い、サッカー部は「おいおい、思い切りぶっ叩かれてるよ、野球部ヤベえよ」と互いに切磋琢磨し合っている土壌があった。

通常、野球部は文系（スポーツ）コースなのだが、正捕手の笹沢学、徳田正憲、坂本浩の三人だけが文系（進学）コース。笹沢たちは社会科教論である前田に地理を教えてもらっていた。前田の授業はとにかく面白く、監督の顔とはまったく違った顔で授業中は生徒の笑い声が絶えない楽しい授業。

しかし、野球部の監督になると鬼となって怒鳴り散らす。本物の鬼がそこにいた。

おかしな練習もたくさんあった。至近距離にマシンを設置したかと思うと、今度はセカンドベース付近にマシンを置いてのバッティング練習や、シートノックでひとつでもミスが生じると練習を一からやり直すこともあった。

笹沢は入部当初弱音ばっかり吐いていた。踵や足首を痛めて走れない時期があって体力強化ができず練習に満足に付いていけない。一年夏の北海道帯広合宿で、個人のノックを受けてもすぐバテてしまうありさま。あまりの辛さに泣きながら、

「もう無理です。なんで自分だけなんですか。これ以上ノック打たないでください」

周りにいる先輩たちからは、

「ふざけるんじゃねえよ、笹沢！」

「てめえ、ナメてるのか。このクズ野郎が！」

「おい、とっとと辞めて母ちゃんに甘えてろや」

罵詈雑言の嵐。それでも歯を喰いしばって野球を続け、数々の試練に耐えながら高校二年の春

に正捕手に抜擢。そのまま二〇〇一年春季大会で優勝し、関東大会準々決勝桐光学園戦で8対8の同点のまま9回裏、敬遠という場面でストライクゾーン寄りに甘く構えてしまい、サヨナラ打を打たれる。笹沢の代がすでに七人レギュラーをとっていたこともあってか、この日の夜の集合では三年生が一気に大爆発。このとき耳に衝撃を受けていたことが判明し、当時のクラス担任だったコーチの小林昭則に、

「耳がチーンと鳴っているんで、どうしたらいいですか？」

泣きながら相談。我慢に我慢を重ねた結果、最後は泣いてしまう笹沢だった。

二松学舎というライバルが出現したことで、帝京ナインは明確な目標ができ、邁進することで個々の能力が伸びた。負けず嫌いな笹沢は誰よりも二松学舎を倒したくて、天才と呼ばれる近内を認めつつも異常に敵対心を抱く。下級生が二松学舎に偵察に行って帰ってくる度に、「まじヤバいです。近内さんは本当に凄いです」と驚き顔で報告されるのが笹沢は気に喰わなかった。

二松学舎のエース森は、コントロールが悪く自滅するタイプだったので、高めに球が浮いたときはいけると思い、あまり怖さを感じなかった。笹沢は森を打つためにバットを振ったのではなく、近内に勝つためにバットを死にもの狂いで振り続けた。

帝京の選手たちは打倒二松学舎を合言葉にひと冬を越し、春に雪辱できたことで二松学舎を過剰に意識しなくなった。そうなれたのは、地べたを這いずり回って養ったタフさが身についたからだと思っている。

二〇〇二年夏の東東京大会決勝戦は、二松学舎先攻で始まった。

帝京がジャンケンで勝ったにもかかわらず後攻を取った。帝京のスタイルは先手必勝。

先制パンチを喰らわせることで、相手チームだけでなく球場全体に「帝京は強い」といった空気を植え付け、時に空間を支配できる。逆に、先攻で点が入らないと劣勢になっていく雰囲気が出てしまうこともある。帝京はこの決勝に限って、まずは守備からリズムを作って得意の攻撃に繋げようという考えのもとで後攻を取った。二松学舎に対し、一筋縄ではいかないと思った前田の慎重な考えが伺える。

市原は決勝も森で行くと決めていた。小杉のほうが球の質、速さとも上だが、土壇場におけるハートの強さは森のほうが数段上。修羅場の数が違う。市原はこう思った。

「監督である前に人間。エースと決めた人間を信じ、最後まで賭ける」

二松学舎は市原が信頼して送り出すエース森、帝京はエースの高市ではなく左の吉田が先発。春季大会とは逆の形となった。

初回、1アウト一、二塁から四番・山崎の二塁打で二松学舎が1点を先制。

だが、森の乱調により2回が終わって4失点。コントロール、球威ともなく、連打、四球、押し出しとピッチャーが一番やってはいけない点の取られ方をしてしまった。ただ、この3点差は選手たちにとっては別にどうってことなかった。森の立ち上がりが悪いのはいつものことだし、7、8回までに同点にすればいいという気持ちでいた。

頼みの綱である近内は前日からインフルエンザにかかり、三十九度の熱のまま強行出場。意識が朦朧としたまま試合に出ただけで、戦力には到底なりえなかった。

自慢の100発トリオの牙城が少し崩れかけていた。

3点差を追う4回表、先頭打者四番・山崎は2ストライクと追い込まれながらも、低めのカーブを上手くすくってレフトスタンドへホームラン。三試合連続の今大会4本目。これで4対2。流れが帝京に傾きかけたのを引き戻した。

山崎ほど四番という重圧を感じた者はいない。一年秋から四番を張っていたが、ずっと市原に怒られっぱなしだった。試合をやる度に「また怒られるんじゃないかな」と暗い気持ちになった。「ピッチャーの肩の高さで二塁に投げられる」という強肩強打の大型キャッチャーの触れ込みで入学したが、すぐに鼻っ柱を折られる。鳴り物入りで入った選手にありがちな自信過剰な部分が目立った。選手の性格に合わせた指導法をとる市原は、山崎に対して論理的に言い訳できない環境を作り、メンタル的に追い込みながら鍛え抜いた。

近内、五味淵があまりにバカスカ打つので、打てない山崎はますます肩身が狭くなる。高校二年の春には市原に「四番を外してください」と進言。三年生がいるのに自分が四番に座り続けても結果が出ないことを相当悩み、さらに先輩からも詰め寄られ自ら言いに行くしかなかった。それでも市原は頑に四番から外さなかった。山崎の性格上、四番の重責に耐えられずに言いに来たと思うが、ここで四番を外すと山崎自身が潰れると思ったからだ。

四番として努力し続けた結果、高校三年春の選抜甲子園で三安打の猛打賞。それから山崎は蘇り、春から夏にかけて今までの遅れを取り戻すかのようにバカスカ打ちまくった。

そして5回、2アウト三塁で柴田佳祐が右翼線の二塁打で1点、さらに一、二塁とチャンスは広がり、迎えるバッターは四番・山崎。ここまで二塁打、ホームランと当たりに当たっている。4対3で点差はたったの1点、二松学舎のイケイケムードだ。

ここで帝京のピッチャーが代わる。

「帝京高校、守備の交代をお知らせ致します。ピッチャーの吉田くんがレフトに入ります。レフトの臼井くんがファーストに入ります。ファーストの高市くんがピッチャーに入ります」

高校野球特有の甲高い声のアナウンスで、ついにエースの高市が投入された。ずんぐりむっくりの丸顔の高市が満を持してマウンドに上がった。

今大会三試合13回投げて3失点、6四死球と持ち味の制球力が乱れ、本来の投球ができていない。それでも決勝の大舞台は帝京のエースが投げなきゃ始まらない。

一九八五年選抜甲子園準優勝投手の小林昭則コーチは、

「球のキレ、球威ともに悪くない。今まで見たピッチャーの中でおまえが最高なんだから」と、高市のプライドを尊重し、自信を植え付ける。

「来たか！」

待ち構えていた山崎は、睨みつけるようにマウンド上の高市を見た。今大会4本のホームランを放ち、名実ともに四番打者に成長した男の大一番がやってきた。

鍛え抜かれた身体に纏ったユニフォームから、闘気が湧き立つかのようにワナワナと筋肉が小刻みに躍動している。

二〇〇一年秋、二〇〇二年春と高市と対戦し、こういった場面での配球パターンは頭に入っている。

「初球、スライダー」

瞬時に浮かぶ。迷いはない。

二松学舎応援団は絶好調の山崎に大きな期待を寄せ、声援のボルテージも上がっていく。

球場にいる観客の誰もが、この試合一番のキーポイントだと感じている。

山崎は自分の間合いで打席に入り、狙い球を絞っているのを悟られずに自然体で構える。

ピッチャー高市はセットポジションから呼吸を整え、第一球を投げた。

「来たっ！」

金属バットが撓るように振り抜かれた。

「ガキッ！」

ライト方向へ飛ぶファウル。

タイミングはドンピシャだった。狙い通りのスライダーが来たのに……。力んだせいか、芯で捉えきれなかった。

春以降、打席に立ったときに〝打てる〟と閃きに似た感覚が生じれば必ず打てていた。逆に〝ヤバい〟と感じたらまず打てなかった。山崎は即座に「ヤバいっ！」と感じる。

一年秋から四番を任され、翌年の選抜を決めた秋季大会はレギュラー陣の中で一番低い打率。外野からいろいろと言われ、悔しくて悲しくて切なくて、それでもバットを振り続けるしかなかった。選抜甲子園で3本のヒットを打ってから、やっと山崎本来の高校野球が始まった。今大会4本のホームランを打っていようが、ここぞというときに打つのが四番。それが今である。これまでの悔しい思いもこの一打ですべて吹き消すことができる。思いが強ければ強いほど、初球で仕留められなかったのが頭の中から消えない。打席に入る前の山崎と違ってほんの少しだけ迷いが生じている。

チャンスは一回だけではない。まだ1ストライクだ。気持ちを切り替える。

二球目、外角高めの明らかにボールとわかるストレートを空振り。気合いが入りすぎのスイング。闘志むき出しの山崎と高市は睨み合う。まるで三塁走者がいないかのように、高市は山崎との勝負に集中している。僅か18・44メートルの距離だが、何人も侵入できない静謐な空気の壁ができている。

一球遊ぶか勝負か。

すぐさまサインは決まった。高市、セットポジションから渾身の力で腕をしならせる。

三球目、外角へ糸を引くストレートが来た。山崎は外に狙いを絞っておりバットを最短距離でスイングする。

「あっ！」

外角のストレートのスピードのまま僅かに落ちる。カットボールだ。

バットは空を切る。あれだけ当たりに当たっていた山崎が三球三振。

「あああ〜」

二松学舎応援席からため息が漏れる。

勝負は一瞬で決まる。

この打席、初球ファウルの時点ですでに勝負が付いていた。


4回裏に森が二者連続フォアボールを出した時点でスイッチした小杉は、後続を打ち取り5回、6回も無得点に抑え、会心のピッチングが冴え渡る。

7回裏、帝京の攻撃に入る。先頭打者をフォアボールで歩かせ、次打者もデッドボール。ノーアウト一、二塁。ここで四番・坪木が一塁線上に送りバントをする。ファーストの五味淵が捕って一塁へ投げようとしたときだ。

「あっ…………」

五味淵の手からボールが離れた瞬間、スローモーションのようにボールが大きく内側に逸れていく……。ライトに転々とボールが転がる間に二塁走者はホームへ駆け抜ける。

五味淵は固まって動けない。視界が狭まって何も見えない。タイムをかけ、マウンドに集まってみんなが何か言っているが、何も聞こえない。

五味淵は春季大会で徹底マークされ、歩かせても足がないので際どいコースばかりの攻め。そうなると、打ちたい一心でボール球まで手を出すようになる。打ってもファウルにしかならず、「あれ？」。自分の感覚がズレているのがわかり、どんどんドツボにはまる。夏の大会前にはまったく打てる気がしなくなった。

この大会も決勝まで15打数5安打三割三分三厘と打率こそまあまあだが、納得のヒットは準決勝安田学園のフェンス直撃の二塁打のみ。連日、新聞報道では『四番山崎二試合連続ホームラン』、『三番近内・四番山崎アベックホームラン』といった見出しが賑わっており、五味淵だけひとり蚊帳の外。

しかし、準決勝安田学園の最終打席で納得の二塁打を打てたことで、決勝はやる気に満ちていた。帝京エース高市とは相性がよく、秋に1本、春に1本、ホームランを打っている。高市がマウンドに上がれば打ち崩せると安易に考えていたせいか、高市が先発を外れたことで変に気が緩んでしまった結果が招いたプレーだと思っている。

ベンチの市原はこのとき「終わった」と思い、グラウンドをパッと見渡したときに、キャッチャーの上野は少し下を向き、外野の山崎も終わったという感じで茫然と突っ立っている。緊張の糸が切れた瞬間だ。

五味淵はいまだ居場所がない感じで固まっている。前日に同じプレーの練習を繰り返しやっているため自分でもわかっているのだ。

市原はこういうミスが出るのをわかっていた。前日、同じようなケースを想定して何回も練習していたが、連戦の疲れなのか練習に身が入ってないのがまるわかりだった。

「しっかりやっておかないとヤバいぞ!」

「はい!」

声は大きいが、言葉だけの表層的な返事だ。高校生の心はわかりやすく、すごく集中しているときと集中してないときの差が激しい。

「ダメだ、これは言葉が入っていかない」

聞く気があるかどうかは本人の問題だ。どうやって意識を変えようかと思っても時間がない。

「もう、これで終えるしかない。あとは賭けるしかない」

練習が終わってから、選手たちにこうやって説明をした。

例えば、ダムの壁で一部分だけ薄いとする。水はどこに集中して行くかといえば、壁の厚い部分から弱い部分へと集まっていく。

野球の試合でも、27アウトのうちにいくつか微妙なプレーがある。たまたまツイてないのではなく、弱い部分の綻びが破れただけなのだ。要は、壁の厚いところにも水は行っているが破られなかっただけで、薄い壁に流れ着けば必然的に壁は破られる。どうして、あの場面であそこに行っちゃうんだろうとアンラッキーに思うかもしれないが、実はなるべくしてなったことなのだ。だから勝負事においては、普段から弱いところを蔑ろにせずにちゃんとやっておかないといけない。市原は訥々と語るしかなかった。

7回表、五味淵の悪送球による得点に加え高市のタイムリーで2点。終盤にかけて、帝京の大きな大きな2点追加だった。

虚ろな目をした五味淵がベンチに戻ってきた。市原は諭すように言った。

「だから言っただろ。今後の人生でもこういう場面があるからな。これが大切だっていうのをいい加減に聞いてるとこういう痛い目見るぞ」

6対3で敗退。惜しくもではない、完全に力負けだった。

市原が監督になって、史上最強と言われたチームがまたもや決勝という壁に跳ね返された。トーナメントで準決勝、決勝という試合になればなるほど、研ぎ澄まされた状況に遭遇し、ひとつひとつのプレーが心に強く焼き付く。

負けた試合こそ学ぶべきことはたくさんある。

市原にとって、第一の失敗は春季大会の戦い方だった。エース森を使わなかったことで市原自身が守りに入っていたと分析する。

森を傷つけたくない。であれば、エースを投げさせずに戦って負けても「いやいやいや、うちはエースを放らしてないから夏へ向けては大丈夫」という考え方でいけると思った。要は失いたくないものを守って戦ったと思ったら、結局はすべてを失ってしまう戦い方だった。秋に続いて春にもう一度倒しておけば、夏は違った結果になっていたはずだ。今更何を言っても遅い。

市原は、あらためて帝京前田野球の〝常に全力、今が大切〟という姿勢を勉強させてもらった。負けるにしても、全力で行って負けた悔しさというのが高校生には生きる。変な手抜きをしてみたり、余裕をもって気取った調整をしたりしてると、高校野球ではそこから綻びが生まれてくる。

夏の大会は、データ的に出塁率と長打率が噛み合っているチームが強い。そして試合を重ねるうちに、バッターが今まで打てなかったボールゾーンを打つ、といったデータを上回って成長していくチームが勝ち上がっていく。

二〇〇二年世代のチームも、ボールゾーンをヒットにする才能ある選手が、自分たちのやってきた野球でチャンスをものにしてきたが、最終的に勝利を呼び込むプレーを雑にしてしまい負けてしまった。

この年の帝京は、前年の二〇〇一年秋季大会で二松学舎に負けてから、甲子園準決勝智弁和歌山に負けるまで一度も負けていない。春季大会優勝、関東大会優勝、オープン戦33連勝のまま夏の大会に入り、甲子園ベスト4まで行ったのだ。

前田はこの二松学舎戦を振り返ったとき、唯一思ったことがある。

「小杉が先発だったら負けていたな」

第六章

破綻

悲運の投手　小杉陽太　松木 基

「9回2アウトまでこぎつけました。二松学舎、初の夏の甲子園まであと1アウト。ピッチャー小杉くん、第三球目投げました、空振り三振、二松学舎初の夏の甲子園だ！」

マウンド上の小杉のところへナイン、ベンチにいる選手たち全員が駆け寄り、胴上げが始まる。

「ついにやったぜーー優勝だーーー！」

歓喜の雄叫びを上げて、次々と胴上げされている――。

といった感じで決勝戦前日、二〇〇三年世代の選手たちは柏のグラウンドで優勝の胴上げの練習をしていた。

事の発端は、夏の東東京大会準決勝が終わり、次の決勝まで中一日空いたことだ。

その日は午前中軽めの練習をしたあと、午後からは自由時間。軽く昼寝をしたあと、何もやることがない選手たちは夕方にグラウンドへ出て、ちょっとやるか的なノリで始まったのだ。やるからには本格的に、とレギュラー陣がきちんと守備につき控えもベンチに待機し、本番さながらに胴上げのシーンを練習したというわけだ。

楽勝ムードが流れていたが、別に油断をしていたわけではない。

ただ、やれば勝つ、初の夏の甲子園出場だ、という揺るぎない自信があっただけだ。

二松学舎は〝七転び八起き　八度目の挑戦で夏初の甲子園なるか〟というキャッチコピーが大会前から新聞紙上を賑わせたことで、選手たちは決勝で負け続けていることを初めて意識した世代でもある。

二〇〇一年に都立城東がフロック的な勢いで甲子園に行ったのとは違って、この年に都立雪谷が甲子園に行った場合、私立主導の東京都の高校野球界が〝私立も都立も関係ない〟時代へと変遷していく雰囲気を漂わせていた。

実際、今の都立はいろんな制度を施行して、授業料がかからないように生徒集めをしている。そういった意味では本来フィフティフィフティに近くなってきているが、この頃は『都立』という単語が出るだけで世間が過剰に反応していたため、市原は絶対に負けられないという思いが強かった。

決勝当日の朝は暗雲が立ちこめドシャブリの雨。しかし、試合時刻が近づくにつれ雨足が弱まり、神宮球場に着く頃には蝕むような暑さとまぶしいほどの青空が広がる。

二松学舎の選手たちは、期待を胸に意気揚々と神宮球場に入る。

「うわ〜暑っ！」

選手が思わず声を出す。直前まで雨が降っていたせいか、グラウンド内にはムンムンとした蒸気が立ち籠る。さらにもっと違和感を覚えることがあった。

「あれ？　違うな……」

「なんだなんだ？」

赤赤赤赤赤、スタンドには雪谷のスクールカラーである赤一色。完全アウェー感満載。

360度スタンドを見渡しても朝日新聞が配る赤い団扇も手伝い、すべて真っ赤。

二〇〇三年の決勝戦は、今までとは違う一種異様な雰囲気の中で始まる。

整列したときに雪谷の選手を見て、二松学舎の選手たちは「小っちぇえなー」と一同思った。一目見て身体の作りが違う。「今年こそは勝てる。甲子園に絶対に行ってやる」と雪谷のユニフォームを見て決意を新たにする。

二松学舎の選手たちは、正直雪谷を知らなかった。開会式の整列のときに、智弁和歌山のユニフォームに似てるな～程度の認識しかなかった。

プロ注目の最速145キロの本格派小杉陽太に対し、普通の子どもたちが真っ向挑むという図式。巨人に小っちゃい連中が束になってかかっていくようにしか見えない。

だがナメてはいけない。アリは象をも倒す。

小杉は二〇〇八年、横浜ＤｅＮＡベイスターズからドラフト五位で指名され、現在中堅投手として活躍しているが、そこまでの道のりは長かった。中学時代からその名を馳せ、横浜、日大三高からも誘われ、入学前から身長184センチ、140キロ以上のスピードを誇る期待の大型右腕だった。決勝で負けたあと、帝京の前田から「おまえが来てくれてればウチは甲子園に行けたぞ」と言われるほど、高校野球関係者の間ではプロ級の素材として注目されていた。もともと高校卒業してすぐにプロに行きたかったが、

「プロに行く奴はどこに行っても必ずプロに行く」

市原の助言により、熱心に誘ってくれた亜細亜大学に進学し一年春から投げる。しかし、大学特有の問題にぶつかり、三年に上がる直前に寮を脱走する計画を立てる。

これが、映画『大脱走』さながらの脱走劇なのだ。

寮の部屋は一年から四年までの各学年ひとりずつの四人部屋。まず気付かれないように荷物をまとめた小杉は、一番警戒心が薄いであろう夜に脱走することを決意。

みんなが寝静まった頃、あらかじめ布団の中に隠してあった荷物を取り出しながら身長187センチもある大男が超超超スローモーションで動く。「抜き足差し足忍び足」レベルなんかではない。まず布団から部屋を出るまで一時間以上かける慎重さ。布団をめくって起き上がるだけで三十分の時間を費やす。ほんの少しの物音でも敏感に反応する野球部員に、絶対気付かれてはならない。音が鳴りやすいドアノブを開けるのには最も神経を使い、十分以上かけた。自身も知らないパントマイムの才能があるのではと思わせる業。全身汗だくになりながら無事脱出完了し、晴れて牢獄から解放された小杉は、映画『ショーシャンクの空に』の主人公アンディばりに両手を広げてガッツポーズをする。

実家に戻った小杉は、とにかく遊びまくった。毎日がフェスティバル&カーニバル気分。昼はハンバーガー屋、夜はバーでアルバイトをし、業務が終わったらそのまま朝まで飲んで帰ったりと、誰もが思い浮かべる安っぽい青春を謳歌する。

バイトと遊びの毎日の中から、何気なく趣味程度で草野球を始めたのが事の始まりだ。やっぱり野球が楽しいと思う小杉は、週末小中学校時代に所属していた江東ライオンズの手伝いに行く。別に怪我で野球を辞めたわけではないので、現役バリバリの球をビュンビュン投げる。そんな小杉の姿を見て江東ライオンズの関係者が言う。

「正直、ここで練習をしても道は開けない。だったら市原先生に頭を下げて高校で練習させてもらえ。じゃないと次のステップには行けないぞ」

大学を辞めてから五カ月以上が経ち、その間、市原は小杉の家に訪問したり携帯に何度もかけたりしたが、小杉は居留守を使ったり電話に出なかったりと完全にバックレ状態。

あるときバイクに乗っていると、上野でふたつ上の元キャプテンの海老原にバッタリ出くわし、ファミレスに連れていかれた。

「おまえ、大学辞めたんなら、監督さんのところへ行って筋だけは通せよ」

高校時代の怖かった先輩にきつく言われたにもかかわらず、それでも市原のところへは行かなかった。いや行けなかったというのが正しい。

それなのに、今更どの面を下げて会えばいいんだろうと悩みに悩んだが、一度はきちんと筋を通すためにも覚悟して柏のグラウンドに挨拶に行く。

「監督、いろいろとご迷惑をかけてすみませんでした」

「……」

市原は目も合わせず何も言わない。完全無視。そりゃそうだろう。勝手に大学辞めて、連絡も無視しておいて、自分の都合がいいときだけ来るのは虫が良すぎる。小杉は市原の行動はある程度予想できていた。

「ここで『なんだよ、いいや』と引いてしまったら、俺の人生はずっとそれの繰り返しだ」

そう思った小杉は、次の日も柏のグラウンドへ行き、選手が来る前にグラウンド整備をした。

その次の日もまたその次の日も。

そして一週間が経った頃に、市原が近づいてきた。

「おまえはどうしたいんだ？　野球を続けたいのか？」

「はい、続けたいです」

「わかった。ここで選手の手伝いをしながら練習しろ。その間に俺が探しといてやるから」

市原は見ていた。小杉が本気かどうかを。

そんな経緯もあって、大学時代から小杉に目を付けていたＪＲ東日本の監督が練習を見に来てくれ、ブルペンで3球を投げた時点で、

「ありがとう、明日からうちへ来てくれ」

一発合格。それからＪＲ東日本に入社し、都市対抗で活躍してスカウトの目に留まった。

数奇な運命かもしれないが、いろいろな人の縁があり、感謝しているからこそ今がある、ということを小杉は決して忘れない。

そんな小杉の二松学舎時代は、原石が黄金のように光り輝き始めたばかりの頃で、特に最後の夏の決勝は、小杉の野球人生において欠かせないストーリーである。

市原は準決勝の岩倉戦が終わったあと、次の安田学園対雪谷の準決勝をスタンドで少しだけ観戦してから合宿所に戻った。しかし、安田学園対雪谷戦が延長に入ってまだ試合をやっているのを知り、

「おいおい、まだやってるのか⁉」

市原の心中は、安田学園勝ってくれーという気持ちでいっぱいだった。結局、延長13回、14対12で雪谷がドタバタの勝利。創部三十一年目にして初の決勝進出だ。

大会前、優勝候補に挙がったのは、選抜に行った国士舘、帝京、安田学園くらい。その安田学園が来てくれたほうが戦いやすい。ノーマークの都立雪谷との対戦だと勝って当たり前という雰囲気が充満し、連戦ではなく一日空くことでより息苦しさを感じてしまう。市原は頭の中で「早く一日が過ぎろー」と思いながら過ごした。

ピッチャーが大会屈指の大型右腕の小杉ということで、そんなに点数は取られないだろうなというのが救いだったが、思った以上に野手陣がガッチガチの状態で不安が募るばかりだった。

二〇〇二年決勝戦、雪谷の打者が見送ってボールとコールされるだけで一球一球「うわー」と観客が喚き、バットに当たれば「うおー」と観客が騒ぐ。そういった歓声の効果がだんだんだんだん積み重なっていくうちに、バットに当てるだけではなく前に飛び始め、前に飛んだのがヒットになっていく。球場全体が雪谷を後押ししている感じだ。

0対0という緊迫した展開。一進一退の攻防ではなく、明らかに二松学舎が押されている感じ。初回、3回、5回に得点圏にランナーを進めるがいずれも凡退し無得点。そして8回裏、四度目のチャンスが訪れる。1アウト二塁でバッター四番の中康次。

小杉の出来であれば1点取れば勝てる。

市原は迷わず三盗のサインを出す。市原は、ベンチの様子を見ているとあの場面でヒットが出るとは思えなかった。そのまま打たせるのと三盗を仕掛けるのと、どっちのほうが勇気は必要なんだろう。葛藤が渦巻く。引いていたらこの勝負は勝てない。だったら危険なほうに賭けることを決意。

二塁走者はキャプテンの伊澤充。前年の決勝の帝京戦後、ベンチ入りメンバーの伊澤は当時の四番・山崎から「この光景を覚えておけ。来年またここに立ったときに俺の言った言葉がわかるから」と言われたのを思い出す。しかし、決勝の雰囲気が前年とあまりにも違いすぎるため、山崎の言葉の真意がわからぬまま試合に入った。

そして、8回のチャンスで二塁走者の伊澤。選抜甲子園でも同じような場面で三盗を決めていたので、スタートさえ良ければいけるという思いもあった。しかし、いいスタートを切ることができずに盗塁失敗。

一か八かの勝負で、成功したら賞賛、失敗したら批判。

結果アウトになったが市原は全然悔やんでなかった。安全に勝てるのならそれにこしたことはないが、今まで安全にやってきて散々勝てなかった。リスクを背負う勇気を持つことは、ここ一番では絶対に必要。監督がリスクを恐れず腹を括ることが重要で、あとはそういった局面でも恐れずに動いてくれる選手を育てる。そう考えると、あの場面でアウトになるということは負ける運命にあったのだろう。

ピッチャーの小杉は準決勝まで三連投で疲労のピークに達していたが、ピッチング自体は悪くない。

前日の胴上げ練習は、消灯前にもう一度寮の裏側でもやっていた。胴上げの練習が終わり記念写真を撮るために、小杉は裸になって心霊写真を撮ろうと試みるがスタッフに見つかり、「決勝の前日に浮かれてんじゃねえ！」とこっぴどく怒られたが、それなりにリラックスでき、優勝するイメージもできていた。

球場に入って異様な雰囲気に呑まれないようにし、雪谷の勢いを加速させないよう先頭打者だけは絶対に出さないことを心がけた。前日雪谷は小杉対策として、マシンを160キロに設定してバットを振らずに目を慣れさせたという情報を聞いた小杉は、逆手にとって真っすぐで押さずにスライダーを多投する。

5回あたりから急に身体が重くなり、緊張の糸が切れたらドドッといってしまいかねない。糸だけは切らさないよう、緊張感を持続させることだけを意識する。

気迫のピッチングだけで、とうとう最終回まで来た。

マウンド上の小杉を見ると、疲労感を漂わせるが目は生きており、集中力は途切れていない顔をしている。さすがエースと呼ばれる男だけのことはある。

「カキーン」

先頭打者の詰まった当たりがファースト方向に飛ぶ。ちょっと横に飛べば捕れる打球をファーストの井戸田和樹が後ろに引いてしまい、セカンドの伊澤が「俺!?」といった顔をするが時すでに遅し。一、二塁間を綺麗に抜かれてライト前ヒット。

決勝前まで満タンにあった運がすでにこぼれ、なくなりかけている。

雪谷の三番・増子の1ボール1ストライクから、キャッチャー森下忠信が素早いクイックモーションで一塁走者を牽制するが、ファースト井戸田が後逸してしまい、ランナーは二塁へ。普通ならここでタイムをかけるものだが、ひと呼吸を置かずにすぐプレーに入る。

次打者のバントがピッチャーとキャッチャー間に転がり、キャッチャーの森下忠信が慌てて捕ってスローイングが乱れる間、一塁はセーフ。流れが悪すぎる。

ノーアウト一、三塁で、四番ピッチャー大田章夫。

ここまでフォアボールひとつであとは凡打。それでも「俺で決めてやる」といった感じで大田はふてぶてしくバッターボックスに入る。

二松学舎応援席以外のスタンドは、朝日新聞の団扇を示し合わせたようにメガホン代わりにして叩いて応援し、球場全体で雪谷の押せ押せムードを演出している。まるで雪谷のイメージカラーの赤がゆらゆらと燃え盛っているようだ。

二松学舎は内野ゴロゲッツー態勢の前進守備を敷いている。

流れが雪谷に傾きかけているが、マウンド上の小杉は何の迷いもない。雪谷への大歓声も自分のリズムにうまく吸収しながら、キャッチャーの森下のミットだけを見ている。

日中の気温は三十四度だが、マウンド上は四十度近くになっている。小杉は額の汗を拭おうともせず、セットポジションから力強く右足を上げ、スパイクの裏についた土埃が微かに舞った。思い切り踏み出した足の歩幅は半歩分だけ大きめだ。

ユニフォームのボタンがはち切れそうなほどの胸の張りから、少し遅れ気味で腕が鎌のように鋭くしなる。フィニッシュ時に右の蹴り足を大きく跳ね上げながら、身体中の力がボールにうまく伝わり、外角に向かって真っすぐ伸びていく。

ストライク。見逃しだ
さすが、大会屈指の剛腕投手。ここにきて140キロ以上の力ある球を投げ込んでくる。小杉の闘志がバッター大田を上回り、大田は少したじろぐ素振りを隠すそうとバッターボックスを外し、落ち着かせるためにベンチのほうをじっと見る。

なんとかここは三振が欲しい場面。球場全体に雪谷の勝利を後押しする空気が充満する中、マウンド上の空間だけは小杉の底知れぬ気迫がバリアとなって無菌状態だ。

聖域を守るエース小杉。セットポジションから、軽く丸めた右手の親指と人差し指の付け根部分を口元に当てて、おまじないのように少し息を吹きかける。ランナーを一回も見ずに目線はキャッチャーのミットだけ。投げることだけに集中している。

踏み出した足と連動して、肘を起点にした腕の振りがマウンド上の淀んだ空気を鋭く切り裂く。ボールはムービングファーストボールの残像を描きながら、高めのストライクゾーンギリギリに突進していく。

外角高めの真っすぐの球威に押されてかろうじてファウル。

2ストライクに追い込んだ。

これでバッターと五分五分になった。

再び小杉はキャッチャー森下のサインを覗き込む。サインはストレート。即座に首を振る。二球目のファウルを見たときにタイミングが合っていると感じ、疲れもあってか自分のストレートに100%の自信を持てなかった。スライダーのサインに頷く。

第三球目、セットポジションから足を上げ、スムースな体重移動からボールを離した瞬間、小杉は「ヤバッ!」と思った。いいピッチャーになるほど、投げた瞬間に打ち取れるのか、打たれるかがわかるという。このときもそうだった。

要所要所では、一球も甘い球を投げずに抑えてきたこの試合、唯一、甘く高めに入ってしまったスライダー。大田は、待ってましたとばかりにバットを叩き付けるようにジャストミートし、レフト前に弾く。

132球目の失投だった。

無失点という均衡を破り、とうとう雪谷に待望の1点が入る。

ひとつ下のキャッチャーの森下は自分を責めた。ブルペンでは外の厳しいボールで外す練習をしていた。しかし、先輩に遠慮して「もっとこっちへ投げてください」と強く言えなかったことが、この大事な局面に繋がってしまうとは、悔やんでも悔やみきれない。

小杉は、張りつめていた糸がプチンと切れる音が聞こえた。

ここから先は何も覚えていない。気付いたら5失点。

途中、3点目が入ったときにベンチでは動きがあった。市原が控えの木村豊に「ブルペンに行け!」と準備させ、5点目のときに市原は「行くぞ!」と言うが木村は微動だにしない。完全に聞こえないふりをしている。雰囲気に呑まれ、この状況では怖くて投げられなかったからだ。

「小杉、抑えてくれ!」

木村は誰より祈りながらも、ベンチで気配を消していた。

9回裏のベンチに戻る際、小杉は申し訳なさでいっぱいだった。正直、逆転してくれという気持ちもなく、頭の中がただ真っ白。

そして、あっという間に攻撃が終わりゲームセット。

「あっ、終わったんだ……」

5対0、力尽きた。

市原は試合後のコメントで最後の意地を見せる。

「小杉はまさにマウンドで仁王立ちしていた。その姿は忘れられません」

勝ち負けのことは触れないようにし、小杉を称えた。判官贔屓で都立を応援するうつろいやすい世間の大人たちに向けて、強い意志を示したかった。

「うちらも高校生だぜ。あのプレッシャーの中で仁王立ちしてたっていうのは、大人のあんたらにできるか?」

百戦錬磨の市原でさえも、あの球場の異様な雰囲気に呑み込まれた。

「こんな空気でやらされるのか?」

決勝戦はただただ息苦しかった。

「二時間だ、二時間後には終わってる」

窒息するほど精神的に追い詰められた感じになる。

決勝戦というのは、相手がどうこうじゃなくてあくまでも自分たちの心構えが重要。試合をして一番しんどくなるのは、自分たちが自分たちらしくいられないこと。そういった意味では一番苦しい決勝戦だった。しかも8回まで我慢して戦い、選手たちは立派だった。それは一緒に戦った者じゃないと、一緒にベンチにいた者じゃないとわからない。同じ十八歳なのに雪谷が主役で二松学舎が敵役、市原は可哀想にしか思えなかった。

高校野球というのは結局、心が技術を超越してしまう。挑むより挑まれるほうが絶対に不利。そういった意味では、帝京や日大三高などの強豪校は〝勝たなきゃいけない〟という肩書きを背負いながらやっているため、想像できないほどのプレッシャーがかかる。常にチャレンジャーの気持ちでいけばよかったが、背伸びしながらチャレンジャーとして徹することもできなかった。

本気で甲子園を狙うプライドと、常に相手の胸を借りるという謙虚な気持ちが変に混合したのかもしれない。もっと素直にチャレンジャーになってしまえば楽だったはずなのに、勝手に負けちゃならないという苦しい状況を自分たちで作ってしまったのだ。

市原は最後まで投げた小杉を褒め称えた。

でも、本音はこうだ。もう二度とあんな試合をやりたくない。

試合後のマスコミ取材では強気のコメントを出したが、正直落胆の度合いが激しい。関係者一同、二松学舎夏の甲子園初出場の期待が大きかっただけに結果が伴わず……。そう思うと、さすがの市原も柱の影で茫然と佇むしかなかった。そこにひとりの男が近づいてくる。

「監督、倒す相手が違うんですよ」

ふたつ下の後輩の前監督で、高野連関係者でもある戸張誠だ。

「あ、あぁ」

「縦縞を倒すんですよ」

そう言って戸張は足早に消えていった。

優勝すれば祝勝会なのに、二松学舎の決勝戦後はいつも報告会に代わる。

二〇〇三年の決勝戦後、学校でいつものように報告会が始まる。前年の報告会にはOB連中がたくさん集まったのに、この年はOB連中の集まりが悪かった。周りの期待が大きかっただけに、失意もまた大きかった。

例年、壇上で市原が立ちながら選手紹介をしていくのが恒例なのに、この年に限って、市原は椅子に座りなんとか声を振り絞りながら紹介する。たった一日で十歳年をとった感じで、魂ここにあらず。あまりの憔悴ぶりに心配の声が上がる。結局、途中で選手紹介を部長に変わってもらうほど、市原は心身ともにダメージが大きかった。

ただ、最後に壇上から言った言葉が「秋は必ず勝て！」。

市原はそれだけ言って一礼し、脇にある椅子に落ちるように腰掛けた。

翌日の朝食は選手たちと一緒に食べたが、グラウンドには全然現れる気配がない。やっと現れたと思ったら目が死んでいる。指導するわけでもなく、ただ放心状態でいる。

「大丈夫か!?」

選手たちは「これからどうなっちゃうんだろう」と不安と憂慮が渦巻いていく……。

「俺たち呪われてるんじゃねーのか」

歴史ある二松学舎野球部の中で、〝呪われてる〟と思ったのは、後にも先にも二〇〇四年世代しかいない。

二〇〇四年世代から見れば、二〇〇二年世代はあれほどのスター軍団なのに力負け。二〇〇三年世代はスーパーエースの小杉がいて、都立が相手なのに息切れで負け。

「じゃあ、どうやったら甲子園に行けるんだよ」

皆が悶々としていた。特に二〇〇三年の夏の決勝で都立に負けたのが、甲子園に行けると思っていただけにショックがかなりでかかった。練習メニューをこなしていても「これでいいのか？」と疑心暗鬼になり、気持ちが入らない。

今までやってきたことでは甲子園に行けない、自分たちで何かを変えないといけないと感じたキャプテンの森下忠信はいろいろ熟考した末、まずは変えられることからやろうと思った。

「なあ、〝お許し〟やめにしねえか？」

副キャプテンの富田は「ん？」という顔をしたが、すぐに平然と装う。

「おまえの考えはわかった。ミーティングで話してみよう」

さっそく選手間ミーティングで議題に上げることにした。

「今後、下に〝お許し〟を免除させようと思う」

他の選手は怪訝な顔をする。

「おかしいだろ、二松の伝統でもあるしよ」

「なくして上下関係が保てるのか!?」

「俺たちが二年の夏までやっていたのに、下はないだと?」

大半の選手が反発した。

『お許し』とは、二松学舎野球部に代々伝わる禁止事項、つまり罰則だ。

・電車で座らない
・洗濯機を使わない(※先輩の物は可)
・購買部で買わない
・炭酸飲料を飲まない
・イチゴオーレを飲まない
・自販機禁止
・駅のエレベーター、エスカレーター使用不可
・アンダーウォーマー禁止
・夏場のメッシュ禁止
・駅までダッシュ　などなど。
※挨拶　「チョ」=こんにちは
　　　「ショ」=ありがとうございます

通常は一年生だけがやるもので二年生になると解除になるのだが、二〇〇四年世代は高校二年の夏の大会まで〝お許し〟制度が施行されたという悲劇の代でもある。

もともと〝お許し〟は、目上の人に対する礼儀等を一年生に学ばせることを主眼としたものだったのだが、いつしかカースト制度のような鉄の掟になってしまった。

コーチの立野淳平が、奥部屋と呼ばれる部屋に三年生を集め、〝お許し〟のことを話し合った。

「おまえらまだそんなことをやっているのか⁉　いいからやめろ！」

三年生はこぞって反発。立野がいなくなるやいなや、

「なんで上の代からずっとやっているのに、俺らの代になったらやめなきゃいけねえんだよ⁉」

活火山のように、溜まっていたフラストレーションが爆発する。

〝お許し〟をなくすことでチームが強くなるというおめでたい話ではない。

二〇〇四年世代だけの戦力ではどうしても埋まらない部分があり、下の代の力を借りなければチーム力が上がらない。そのためにも上と下の溝をなくし、潤滑にすることが先決だと森下は考えたのだ。

実は、二〇〇四年世代はひとつ上の世代とかなり距離感があった。二〇〇三年世代の元キャプテンの伊澤、副キャプテンの中、井戸田らはことあるごとに「おめえらは谷間の世代なんだからよぉ」「おまえらはダメなんだよぉ」とガンガンに叱りつけ、二〇〇四年世代をあえて遠ざけていた。感情表現が豊かじゃない二〇〇四年世代を叱りつけることで危機感を植え付けていたのだ。

そうとは知らない二〇〇四年世代は、ひとつ上の世代にボロクソに言われるため自然と距離を作り、チーム状態は良好とは言えなかった。そうならないためにも、上と下の垣根を取るためにはどうしたらいいのかと森下は腐心したのだ。

ちなみに「おまえらは谷間なんだから、このままでいったら箸にも棒にもかからないチームになっちまうぞ」と言い続けてきた二〇〇三年世代が、卒業してからまさかの自分たちが谷間の世代だったと気付いてしまったのは言うまでもない。

キャプテンの森下は、勝つために自分たちが何かを変えるしかない思いを熱く訴え、同期から渋々承諾を貰う。

そして、全野球部員を集めて、キャプテン森下が厳しい表情で言う。

「今から〝お許し〟を解除する。その代わり、今まで以上にしっかり気配り、目配り、配慮が足りなかったら許さねえぞ！」

こうして〝お許し〟は解除された。

実際、他の代でも〝お許し〟を解除したことがあるにはあったが、上級生全員できちんと議論し、コーチにまで相談して〝お許し〟について真剣に考えたのは二〇〇四年世代だけ。古き慣習はやめようと決めてもそうそうなくならず、形を変えて綿々と残るものだ。それでも、上の代があと一歩で負けるのを目の当たりにして、自分たちはどうやったら勝てるのか、呪縛を解くには何が必要かを真剣に真正面から考えたことに意義がある。

〝お許し〟がない二松学舎の高校野球生活が始まった。

体力のない一年生を先に帰らせたり、先に風呂へ入れたりと、下との垣根をなくそうと三年生は嫌々ながら歩み寄る。期待の新星、一年夏からレギュラーの小道順平は、鶴見から柏まで電車で通っている。それだけでも大変なのに、イビリでせっかくの才能を潰してしまうのは愚の骨頂である。

「お先に失礼します」

一年生が挨拶する中で、三年生がグラウンド整備をする。三年生が一年生より一年生ぽかった。

「なんで一年がやることを俺らがやるんだ。これじゃ留年した気分じゃねーかよ」

毒づく三年生もいたが、みんなで決めたことなのだからと我慢しながらやっていた。

〝三年連続夏の決勝敗退〟という文字が並ぶだけで、悲痛な叫び声が聞こえてくる気がする。その悲痛な叫び声を三年間出したのが、松木基と荒川卓也の二人。彼らは一年夏からベンチ入りし、三年連続夏の決勝を経験している。もっと言えば、五回甲子園に行けるチャンスのうち、四回決勝に出ているのだ。

松木は、三年連続決勝戦敗退の光景を鮮明に覚えている。ベンチから相手の胴上げを見たことは一生忘れられない。一年夏は初めての決勝戦で負ける悔しさを知り、二年夏は行けると言われていた甲子園に手が届かなかった虚しさを覚え、三年夏は自分たちの代ということで一番近い場所からまた同じ光景を見せられた無念さを感じた。

荒川は、一年夏の決勝で負けた衝撃の大きさに足が竦んでしまった。一年夏にベンチ入りしたものの、お客さん的な扱いもありベンチワークでいっぱいいっぱいだった。訳もわからずにただ一生懸命やって、三年生に決勝まで連れていってもらったのに届かなかった悔しさ。森、小杉という強力な投手陣、プロから注目されていた近内・山崎・五味淵のクリーンナップがいたのに勝てないという衝撃と屈辱が入り交じり、とめどもなく涙を流した。

松木と荒川だけでなく、この二〇〇四年世代はベンチかスタンドのどこかしらで二年連続決勝戦敗退を見ており、上の世代の決勝戦の戦いをこう見ていた。

ふたつ上の二〇〇二年世代は、二強と呼ばれた帝京と二松学舎でどっちが行ってもおかしくなかった。ひとつ上の二〇〇三年世代は、絶対に行けると思っていたのに行けなかった。

自分たちが強くても行けない、相手が弱くても行けない、もう呪縛以外のなにものでもない、そう思うしかなかったのだ。

今まで必ず新チームになるときは、市原が「おまえらは、前の代よりもいいぞ」と鼓舞することから始まるのに、二〇〇四年世代は鼓舞されるどころか、「おまえたちは谷間の世代だから弱くて当たり前なんだ」と貶される言い方をされショックを受ける。それからはことあるごとに「おまえらは弱い」「おまえらはへなちょこの集まりなんだから」と言われ放題。

下手くそと自覚するほど強いものはない。なんでもやる。逆に言うと、そういうものが二〇〇四年世代の強さなのだ。

ふたつ上は、東京都で屈指の破壊力満点の強力打線。

ひとつ上は、小杉というプロに行くようなピッチャーがいた。

一体、俺たちに何があるんだろうって考えると、「なんにもねーや」というところから始められる強さ。背伸びする必要もなく、一試合一試合一生懸命にやるだけ。

冬合宿もひとり一日1500スイングで十日間。合宿中に15000スイングがノルマで各自のペースでやみくもに振るのではなく、神宮球場をイメージしたり、フォーム固めするために普通なら1500スイングを三時間で終わるところを五時間かけて振る者がいたりと、各々が課題を持ってやった。それもこれも、自分たちが劣等生だという認識から貪欲に野球に取り組めたおかげである。

サウスポーの松木は一年のとき、ふたつ上の森、ひとつ上の小杉がいたことで、正直自分が投げる機会はないと諦めていた。しかし、いつかは抜きたいと思いながらブルペンで必死に投げ込む。一年夏は、気迫で投げる森の投球をしっかり目に焼き付けようと、ベンチから喰い入るように見ていた。市原から「投手と野手の両方やれ」と言われ、投手と野手の練習をフルにやっていたため全体練習の量は誰よりも多かった。

父の晃が一九七一年、二松学舎が初めて決勝に行ったときの三塁手。松木が九度目の挑戦ということで、ジンクスを自らの手で破ることを胸に秘めながら野球に打ち込んだ。

二〇〇三年秋季大会に優勝し、選抜甲子園に行ったあと、チームが少し浮ついた感じになる。甲子園から戻ってすぐの二〇〇四年春季大会は四回戦で負け、チームの歯車が噛み合わなくなる。練習試合でもまったく勝てなくなり、松木は夏の大会前の最後の練習試合で1アウトも取れずに降板。不安なまま最後の夏の大会に入るが、点を取られても取ってくれるんだろうなーと開き直れたおかげで、自分のピッチングを取り戻す。

　選抜出場の二松学舎は当然優勝候補であり、順当に決勝まで勝ち進む。

　市原にしてみれば、二〇〇二年世代のときは自らのミスで力負けをし、二〇〇三年世代のときは最後の最後で突き放された。

　二〇〇四年決勝戦二松学舎対修徳。九度目の決勝戦だ。

　だが、二〇〇四年世代のときは、最後まで逆転できると心底思っていた。

　2対2の同点のまま後半に入るときだ。一年生の宮島貴文がベンチで泣いている。

「おい、まだ終わってないだろうが」

　三年生が活を入れる。中学を出てまだ四カ月強の一年生。ちょっとメンタルが弱いと、この決勝の重圧で心が潰されそうになって、立っていられなくなるのだ。

　3対2で1点リードされたまま8回裏、1アウトのあと松木の打球はセカンドゴロ。松木が必死の形相で走りヘッドスライディング。土埃が舞う中、「セーフ！」のコール。なんとか出塁しようとする松木の執念がエラーを誘う。

　ここで代走荒川。一年夏からベンチ入りしていた二人が一塁線上付近で交差する。

　荒川も期待されていた選手だったが思ったほど伸びず、最後の夏は代打代走要員。初回からピッチャーのクセを見抜くことに専念し、牽制死でもしようものなら「1回から何見てんだ！」と烈火のごとく怒られる。打って当然、走れて当然。いつでも万全の状態で出られるように準備だけは怠らなかった。

市原から「左投手は三回牽制しない」と言われてきた。厳密に言うと、サウスポーの牽制は緩い牽制と速い牽制の二種類しかない。一回目緩くて二回目速かったらもう牽制はないと判断してもいい。

この大事な場面で盗塁のサインが出る。そして牽制が二回来た。荒川は「次だ」と思った瞬間、スタートを切り盗塁成功。最後の最後で市原の言葉が生きた。

その後、フォアボール、森下のピッチャー強襲ヒットで2アウト満塁。ここでトップに戻りバッター小道。二塁走者が帰ってきたら逆転。風はセンターからちょっとライト寄りに、ホームに向かって吹いている逆風。三塁走者の荒川は、パスボール、ワイルドピッチを誘おうと、大きめなリードをとる。

右中間に打った瞬間、「抜けたー！　これで走者一掃だ」と思ったら、通常の守備隊形なら前進守備のはずなのに、なぜか外野陣は後ろで守っており楽々アウト。普通ではあり得ないような条件が重なり、逆転打がアウトになってしまった。

市原は目の当たりにした不運に「神様はまだ苦労しろっていうことなのか」と思わず天を仰がずにはいられなかった。

3対2、九度目の挑戦もまた敗れる。

しかし、選手たちはよくここまで成長した。

「勝つためにはなんでもやります」と一生懸命やってきた選手たちが、秋の大会に優勝して選抜に行き、「俺たちだって一人前だぜ」と自信を持ち始める。市原は相変わらず「あいつら泥臭い奴らだから叱られてなんぼだ」という思いの中で、選手たちは徐々にプライドができ始めていた。

確かに上の世代には、こっちが神経を使う厄介なプライドを持つ特異なキャラクターが結集して豪快に勝ち、世間的な評価も高かった。でもどちらが可愛いかと言えば、子どものままのほうが可愛いに決まっている。

二〇〇四年世代は地味で大人しい選手ばかりかもしれないが、言われたことを一生懸命やってきたと後輩たちにも堂々と言えるくらい、最後の最後まで泥臭かった。そこが売りでもある。

市原にいつも褒められている先輩たちと、毎日叱られ続けた自分たち。

「結果としては僕らのほうが秋季大会優勝したのに、どうして持ち上げられるのはふたつ上の人たちなんだ!? 僕らは先輩たちができなかったことをしたんだ!」

二〇〇四年世代の大いなるプライドの声だ。

二〇〇四年世代を評するに、投手力は松木を擁し、打力はヒットエンドラン、長打を絡めてワンサイドゲームにする。しかし、キャプテンの森下を中心に結束力は高いが特別目立った選手はおらず、どこが強いのかわからないと言われていた。

勝てるチームになるためにどこを目標とするのではなく、自分たちで何かを変える意識を持ち、自分たちの野球をすることを目指し選抜に行った。

それもこれもすべては、市原から褒めてもらいたいがためだった。

「はぁ〜」

不運をかこって嘆息する。

三年連続決勝で負けるのはさすがにきつい。

苦悩、落胆、煩悶、呵責、心痛……、活字では高校受験に出てきそうな熟語を並べて表現できるが、本当の意味で心の内をきちんとわからせることなど不可能だ。

〝きつい〟部分で言えば、関係者からの重圧ももちろんあるが、なんといっても最後の夏に甲子園へ行かせられなかった選手たちへの申し訳なさが、束になって市原の心に突き刺さる。

負けたときはボロボロになってしまうくらい、夏の戦いは心身ともに疲弊する。頬はやつれ、目は窪み、白髪もどっと増え、血の気も失せ、一気に老ける。魂はどこかに浮遊してしまい、まるで抜け殻のようになってしまう。

春の選抜甲子園にどれだけ出ていようが、やっぱり甲子園は夏だ、というのは否めない。どう考えても、春の選抜に行くより夏のほうが半分の参加校のため物理的には楽なはずなのに、やっぱり夏は周囲の期待も意識も想像以上に高く、注目度も全然違うため夏のトーナメントを勝ち抜くのは相当難しい。頭ではわかっているのに、実際戦うとなると目に見えない何かが覆い被さってくる。それが何なのかまだわからない。きっと、決勝の先にあるものだろう。

正直、春はまだ教育している最中。普段の生活でもいろんなことが見え、選手と監督の距離がまだ少しある感じだが、夏はもう一緒に戦う同志である。夏は痩せても枯れても三年生にとって最後の大会。それを勝って終わりたいと思う欲求は凄まじいもの。予選期間中はずーっと蒸し風呂の中に置かれているような状態で、試合となると地獄の釜茹での中でやっている感じだ。積み上げて積み上げて本当の戦いに入り、一戦一戦やっていく。決勝まで行くのにふたつほど奇跡的な勝ちがある。天国か地獄かの境目でなんとか天国のほうに転ばせて、やっとのことで決勝まで辿り着く。また翌年も、二つ三つの苦しい試合を天国に転がして決勝まで行ったのにやられる。また翌年も一からやり直し……、考えるだけでも気が遠くなる。

「前の年にこれがダメだったから、じゃあこれを鍛えよう」とやることがある間は希望が持てる。でも、三年連続決勝敗退の三年目の敗退は「あとこれ以上何したらいいいんだよ」という気持ちにならざるを得ない。

それほど、落胆度合いが激しい。決して弱音を吐かない市原でも、この三年連続決勝敗退後、同期で最も信頼のおける巻島剛にだけポツリと車中で呟く。

「俺が監督をやっていると勝てねえんじゃねえのかぁ……」

運もツキも見放されているのは自分のせいなんじゃないのか、これ以上何をやればいいんだ、思い詰めるほど先が見えなくなる。高校野球において負けるのは監督の責任。市原はひとりで背負い込むことで楽になろうと思った。休むとひとりで考える時間があるため余計に辛くなる。休むよりグラウンドにいたほうが極めて楽。それでも悶々とした日々が一週間くらい続く。

夏はテレビをつけても朝日新聞の宣伝媒体等で高校野球、甲子園関連の番組が勝手に流れ、見るのもしんどい。やり切れない切なさでもの哀しくなり、最後は悶々とする時間さえも怖くなっていく。そんな精神的に不安定な状態が一週間も続くのだ。

そんなある日、新聞でこんな記事を目にした。

常総学院元監督の木内幸男の記事だ。二〇〇三年に三度目の全国制覇のあと一旦退いたが二〇〇七年に復帰し、二〇一一年県予選準決勝戦敗退と同時に勇退。新聞紙上に辞めるときのコメントが載っていた。

〈高校野球の監督は、野球で負けちゃうと何やっても面白くない。最後の悶々とした時間を過ごします〉と書いてあるのを見つけ、「ああ、木内さんでもそうなのか」と素直に吐露する木内を格好良く思えた。

「ああ、負けたあとは誰でも同じ気持ちになるんだな～。俺だけじゃないんだ。じゃあ覚悟するか。負けたらそういう気持ちになればいいんだ」

ある意味、腹を括れることで気持ちが楽になった。

ひとりでがんじがらめになることは何の解決策にもならない。悩み悶え苦しむことで贖罪している気になるのはマスターベーションと同じだ。〝責任〟という意味をはき違えると、全部自分のせいにして追い詰める。本当の〝責任〟とは、どんな困難があろうとも初志貫徹することだ。

不名誉な記録だっていい。一週間でも二週間でも悶々と過ごしたっていい。また打席に立つチャンスがあるのなら、堂々と打席に入って思い切り振り続ける。

落ち込んでいる暇なんかない。まだ見ぬ向こう側の景色をこの目で見るまでは、身体に鞭を打ってでも市原はグラウンドに立ち続ける。

戦いの日々がすでに始まっていた――。

第七章 曙光

一年生トリオ　大江竜聖　今村大輝　三口英斗

二〇〇四年の九度目の決勝戦敗退からしばらくして、市原は現二松学舎野球部OB会長の巻島剛に何気なく言った言葉がある。

「なぁ、決勝で勝つときってさ、圧倒的に勝つか、奇跡的に勝つかのどっちかだと思うんだよなぁ」

市原にとって巻島は野球部の同期でもあり、一番信頼できて唯一気を許せる友。

市原と同じ一九八二年世代である巻島は、野球部入部当初の市原を見て「すげえな～」と尊敬の眼差しで見ていた。同じ一年生なのにフリーバッティングで三年生に交じってガンガン打ち、先輩からも一目置かれ、一年生にしてスターの雰囲気を纏っていた。

入学後ひょんなことでお互い気心が知れた仲となり、それ以来ずっと付き合いが続いている。

一九八二年選抜甲子園準決勝で中京を破ったときに、スタンド組の巻島はいの一番に市原に近づいて「よくやったな、ありがとう！」とガッチリ握手をした。歴史に名を残す快挙を達成した市原に、労いと感謝の言葉を誰よりも早くかけたかったのだ。

現役時代、ヤンチャで短気な性格の市原は瞬間湯沸かし器のようで、世の中にこんな怖い奴がいるんだ～と思いながらも、巻島は市原をよくなだめていた。市原はヤンチャだけど弱い者イジメはせず、男気があり一本筋が通っていたため、メンバー外からもよく慕われていた。

三十年以上の付き合いのため、言い合いの喧嘩はしょっちゅうだが、巻島は一回だけ市原に殴られたことがある。

市原がまだ二松学舎のコーチをやっている頃、西武池袋線の武蔵藤沢駅にあるＮＴＴの宿舎に巻島を呼び、一緒に酒を飲んでいたときのことだ。親友同士の話は多岐に渡って盛り上がり、二人は談笑しながらお酒がすすむ。話の流れで二松学舎野球部のことになったとき、酒の力も手伝ってつい巻島が言った。

「監督やりたいんならやれよ」

間髪入れずに拳が飛んできた。

「ボコッ！」

「痛っ！」

「あのな、タイミングってのがあるんだよ。タイミングや運の巡りあわせに逆らってまで無理するのは絶対にバランスを崩す。時期が来てちゃんと成功してからなんだよ」

巻島は軽く言ったつもりだったが、市原の琴線に触れてしまったことに悪気を感じた。と同時に、市原の野球に対する情熱は昔とまったく変わらないことを知り、この親友のためにもできるだけのサポートをしようと心から誓う。

二〇一三年決勝戦、二松学舎対修徳。

実に九年ぶり、十度目の決勝進出。九年前の決勝戦も修徳が相手だった。

今まで準決勝では負けたことがなかったのが、二〇〇八、二〇〇九、二〇一一年は準決勝で負けてベスト4止まり。決勝戦にはなかなか行けない時代が続いたが、だからといって市原は甲子園が遠のいたとは思わなかった。

二〇〇四年に九回目の決勝に負けたことで、過剰な報道が足かせになって二松学舎が夏の決勝に勝てないことが定説になっていた。他の高校のスカウト連中も、中学生を勧誘するとき二松学舎を「あそこは夏行けないからね」と蔑視した言い方で触れ回るほど、「二松学舎は夏の甲子園に行けない」は鉄板扱いだった。ベスト8に行けば、新聞記者が十回目の決勝について聞いてくる。「まだベスト8なんだけどな」と思いながらも話題が〃十回目の決勝への挑戦〃という流れになっていく。周りの空気もあってか、ベスト4に行くと必要以上に決勝を意識するせいで、準決勝に勝てなくなったのかもしれない。また、市原は立場上いろいろな会合に足を運び、他の高校の監督と会えば、「え、夏、甲子園に行ってなかったんだっけ?」と嫌みではなく本気で驚かれたりもした。

〃十度目〃という単語ばかりが先行し、シルバーコレクターと揶揄されるなど別の意味で注目された二〇一三年決勝。序盤の大量失点が響いて6対13で敗退。十度目の挑戦も虚しく、また二松学舎は負けた。ここまで来ると、世間からの衆望を担わなくなる。だが希望は捨てていない。

実は、立野淳平がコーチから部長になった二〇一一年、市原は「中学生を見に行ってくれないか」と中学生の生徒募集を立野に頼む。今まですべて市原ひとりでやっていたが、本来は現場と業務を分ける完全分業制が理想だと思っていた。そんなところに、市原が監督になって初の決勝に行った一九九八年世代の立野が部長になったことで、業務を完全に任せることにした。

二〇一三年決勝のスタメンを見ると四人の二年生、ショートの竹原裕太、サードの小峰瑛輔、センターの末松佑哉、ライトの秦匠太郎がレギュラーを張り、他にもベンチ入りしている一、二年生が七人いる。立野が初めて獲ってきた一期生の選手たちが、高校二年からチームの中心になっているのだ。来年に向けて着々と芽が育ってきている。

とはいえ投手出身の市原にとって、中学生のピッチャーを見る基準値は高い。右ピッチャーであれば背の高い本格派。左ピッチャーであれば変化球がいいこと。あとはアンダースロー。もうひとつの条件は、左右関係なくコントロールのいいこと。球が速くてコントロールが悪いピッチャーはよくいるが、つまるところ最後は球が遅くなってしまう。なぜ球が速かったかというと、狙わないでただぶん投げていただけ。ところがフォアボールというルールがある以上、コースを狙わないといけない。そうなると、だんだん腕が振れなくなり、ボール自体が遅くなっていく。コントロールがいい投手は、だんだん自信が付いてくるとビュンと腕が振れるようになり球も速くなる。つまり、コントロールのいい投手は球が速くなり、コントロールの悪い投手は球が遅くなる傾向があると市原は考えていた。

右の背の高い本格派が良い理由は、バッティング練習でマシンを使えばいくらでも速いボールが打てるが、練習できないのは角度である。要は球筋のこと。角度があるピッチャー、左ピッチャー、アンダースローといった独特の球筋を持つピッチャーであれば、相手の打者より断然有利である。そして、ピッチャーに最も不可欠なハートの部分、こればっかりは一緒に過ごしてみないとわからない部分が多い。実はこのハートの部分こそが、勝負において重要なファクターであることはもはや誰でも知っている。

二〇一四年の春、ついに二松学舎の歴史を変えるひとりのピッチャーが入ってくる。

入部して一週間経ったとき、同期のひとりが唐突に言う。

「なんか夏、勝ってないみてーだぞ」

「あっそう」

ひょろりとしたあどけない顔の大江竜聖は、別にさして驚く様子でもなかった。入部する前から甲子園を目標にしていたが、夏は行ってないことを知ってますます甲子園に行きたくなった。

立野が初めて大江を見たときの印象は「おい、大丈夫か?」。身体も小さいし、足も遅いし身体能力も低い。二人きりで話し合っても手応えを全然感じない。

「足はどのくらいなの?」

「7秒6くらいです」

「(遅っ!)じゃあ何が得意なの? ピッチャーなの?」

「まあピッチャーもやりますけど……」

何でも正直に話し、受け答えは朴訥な感じ。悪く言えば覇気がない。ただ二松学舎に行きたいという意思だけははっきりしていたので、一度きちんと見ることにした。

横浜、日大三高も見に来ていた横浜スタジアムでの『ベイスターズカップ』で、優勝候補の横浜南ボーイズに、真っ向立ち向かう大江の姿勢と投げっぷりが立野の心を魅了した。

立野は、大江が高校野球の練習に決して根を上げないと踏んでいた。中学硬式野球のチームは、週末だけしか練習しないところも多いのに対し、大江が所属していた横浜ヤング侍は週六回練習し、現代では珍しいスパルタ教育だった。

市原はスパルタだからいいとは思わなかった。少年野球でも厳しいチームはたくさんあるが、そこで育った子どもの特性は大きくふたつに分類される。監督が手間暇かけているところの厳しさは魂を込めて怒っているため、子どもは正しく五感が養われて成長する。しかし、監督が利己的になって感情のまま指導すると、怒られることが怖くて萎縮してしまう子が生まれる。だから、厳しいチームがいいとは決めつけられない。

萎縮している子は基本しゃべらない。「そうじゃないんだよ」と言っても、怒られているとしか捉えられず素直に受け取らない。

大江は幸いその部類ではなかった。中学の指導者が愛情込めて厳しく鍛えていたのだ。

大江の第一印象は「不思議なやつだな～」だった。緊張してるのかしてないのか、朴訥なのか抜けてるのか、よくわからない。淡々として人の目を気にせず、初めての人にとって最初はとっつきにくいのかもしれないけど、裏表がなく嘘がないから信用できる。見た目は普通の高校生だが感性は抜群。でも、何を考えてるのかわからない。別にガキ大将でもないし、煙たがられるような感じでもない。あくまでもマイペースで、ピッチャーらしいといえばピッチャーらしい。イジられもするし、面倒臭いと思うときはひとりでいる。鳴り物入りで入ってきたわけではないが、入部したときから練習はよくやり「絶対に抜け出すんだ」というメラメラした熱いものが見えていた。

入学前の三月二十五日から練習に参加した大江は、五月六日のB戦の結果が良く、数日後にはレギュラーにあたるAチームに上がった。

春季大会が終わり、Aチームに入って練習試合で投げるが、初めて対戦する高校生が異様にデカく見え、圧倒されたのと緊張が入り交じって3回7失点KO。高校野球の洗礼を受けた。しばらくしてまたBチームに落とされる。

一試合を投げず、3回で7点も取られたのは生まれて初めてだった。悔しかった。この試合が、後に大江のピッチャーとしての原動力を引き出した要因となる。

「結果残さないとヤバいんだな」

あらためて高校野球の厳しさを実感した。

同じ一年生の今村大輝ひとりだけはずっとAチームで練習をし、一度もBチームに落ちたことがない。

「あいつ、すげえな」

Bチームにいた大江は、上を見上げながら素直にそう感じて見ていた。

一年生は、慣れさせる意味でもブルペンで20球くらいから始めていく。60球くらい投げられるようになると、試合で30球程度放らせるといった感じで段階を踏ませる。調整段階では100%の力を入れて投げないが、試合になると無意識のうちに力が入るため、ピッチング練習の半分くらいの球数しか放らせない。

一年生が20球程度を投げているときに、大江はすでに100球くらい投げていた。

「自分できちんと調整できる者に関してはいいから」

市原は大江の身体の強さも知っており、オーバーワークにならないよう慎重に見守っていた。同期の松嶋知将は右の本格派でスピードもあり、大江は「スピードでは勝てないかも」と自分のほうが下だと認め、余計に悔しくなった。まずは、同期に勝つことを目標に立て、もっともっと練習をすれば勝てると自分自身に言い聞かせた。

手始めに、ピッチングに対する考え方を自分なりに模索する。バッターをより意識することでコントロールも良くなっていくことに気付く。

五月までは中学校の意識のまま力で抑えようとしたため、投げれば打たれるの繰り返しでまったく通用しなかった。しかし、五月の下旬頃から抑えとして起用され、コントロール重視で投げていくと芯で捉えられなくなった。

「こういう感じで打ち取れるんだな」とピッチングのコツのようなものを摑みかけた。

六月頭にAチームに入り、リリーフとしてそのまま好調を維持し、六月下旬のメンバー発表で一年生は大江竜聖、今村大輝、三口英斗、平野潤、松嶋知将の五人が選ばれる。

新設校ならいざ知らず、甲子園を射程距離に入れている強豪校で夏のメンバーに一年生を五人も選ぶのは、なかなか見たことがない。自分たちはあくまでも一年生という立場を意識して、メンバーに選ばれた五人は話し合う。

「迷惑だけはかけちゃいけないな」

「もし出たら全力でサポートしようぜ」

「今の三年生の先輩たちに悔いなくやってもらうしかねーもんな」

「三年生には思いっきりプレーしてもらうために、俺たちに何ができるかだな」

各々が思いの丈を言い合う。

大江はメンバーに入った瞬間、嬉しさと喜びでいっぱいになったが、少し冷静になると、「入ったからには、入ってない三年生のために恥じないプレーをしないといけない」という責任感が芽生えてきた。

「俺が投げて、俺が甲子園にこのチームを連れていってやるんだ」という気持ちよりも、三年生の大黒一之、二年生の岸田康太が先発して投げたあと、リリーフとして全力で抑える思いのほうが強かった。

「そうだな、勝って最後は甲子園だな」

今村だけが強気の発言をしている。大江が同期の中で一番最初にすげーと認めた男だ。

「モリーナ、すげーなー」

二〇一三年第三回WBC大会準決勝で、日本代表とプエルトリコ代表の試合を観て、今村は感嘆の声を上げる。

「肩、ヤベえーって！」

モリーナの二塁送球を見て衝撃を受ける。

セントルイス・カージナルスのヤディアー・モリーナ。二〇〇八年から八年連続ゴールドグラブ賞受賞、二〇〇九年から七年連続オールスター選出、ワールドチャンピオン二度（二〇〇六年、二〇一一年）に輝くなど、ＭＬＢを代表する強肩強打のスター捕手。

「やっぱ、メジャーだな」

今村は、城島モデルのキャッチャーミットをパンパンと叩きながら呟く。

今村と部長の立野との出会いも、また運命の糸に引き寄せられている。

二〇一一年秋、立野は新設されてほどない東都京葉ボーイズを見に行ったとき、たまたまキャッチャーの子に目がいった。隣にいた関係者らしき人に「あのキャッチャー、いいキャッチャーですね」と声をかけると、

「あれはまだ中学一年なんだよ」

「へえ〜、上手いな〜、中学三年になったら絶対来ますから」

後々聞くと、立野が話しかけた相手は京葉ボーイズの代表で、その横で黙って嬉しそうにしていた人が、なんと今村の父親だったことが判明。その後、中心選手としてボーイズの全国大会ベスト4の成績を残し、千葉県のいくつかの強豪校からも誘われるほどの選手に成長。しかし、中学一年から熱心に誘っていた立野に恩を感じ、今村は二松学舎に進学することを決意。

立野は一度きちんと挨拶に行こうと、今村が通っている中学へ出向くことにした。

最寄りの駅の改札を抜けた真正面に、誰もが知っている名門校の看板が目に飛び込んでくる。ロータリーで中学への道順を調べていると、向こうから学ランの上にジャンパー、軍手をした名門校の野球部員が自転車に乗って練習場へ向かっている。それらの光景を目にした立野は、

「すぐ近くに自転車で通える強豪校があるのに、わざわざうちなんかに……」

そう思ったら涙が自然と溢れ出した。すると、耳にピアスした金髪の女子高生三人が近寄ってきて、「どうしたんですか?」。三十路を過ぎた大の大人が、ロータリーで突っ立って泣いている姿を見て哀れに思ったのか声をかけてきた。泣きべそをかいている大人に三人の金髪女子高生が集っている光景を見て、老婆が不思議に思い「これで涙を拭きなさい」とハンカチを差し出す。

「ありがとうございます」

涙声でお礼を言う立野。老婆は立野が落ち着くまで側にいてくれた。そんな印象的な出来事もあって立野は今村に言う。

「一度も行ったことのない夏を行かせてくれ! 自分ができなかったことを俺の後輩になってやってくれ」

立野の思いを一心に受けた今村は、胸を膨らませながら一年夏の大会から絶対ベンチ入りする意欲を持って二松学舎に入学する。

身長は172センチ、78キロ。精悍な顔立ちで身長より大きく見え、ゴツいイメージの存在感ある風貌。

入学する前から「おまえは狙っていけ」と立野から言われていたこともあり、レギュラーも視野に入れていた。入学後すぐの春季大会に一年生でただひとりベンチ入り。期待の大型新人として入ってきたが、壁はすぐにやってきた。

すぐ打てるだろうと高を括っていたが、まったく打てない。強豪校はもちろん、普通の高校のピッチャーでもボールの伸び、変化球のキレ、中学時代とは雲泥の差で焦りに焦った。なまじっか立野からかけられた「狙っていけ」という言葉を変に捉え、「俺はいけるんだ」と過信してしまい、高校野球をナメて入ってきた洗礼を浴びせられた。

春季大会が終わり、佼成学園とのダブルヘッダーの練習試合をしたときだ。レギュラークラスを揃える一試合目にキャッチャーで先発するが、覇気もなく声も出せず、打てない状態のうえ自分のミスで何失点も重ねる。

立野が、さすがにそんな今村の姿を見て怒鳴りつけた。

「しょせん、おまえはそんな程度だ!!」

ベンチでうなだれている今村への叱責。今村は「こんなはずじゃなかった」という歯痒さと、「なんで打てないんだ!?」という苛立ちを隠せないでいた。だが若さという特権は、叱咤された悔しさを即座にパワーに変える力がある。ここから一念発起するのだ。

第二試合に九番キャッチャーで先発することになったとき、三年生の大砲・秦匠太郎があまりに打てない今村を心配に思い、アドバイスをする。

「真っすぐだけ狙ってけよ。おまえ狙って打ったほうがいいぞ」

ダブルヘッダーの二試合目の九番に対しては、ほぼ真っすぐしか来ないという経験値からの言葉でもあった。

今村は藁にもすがる思いと自分への不甲斐なさの怒りもあって、このアドバイスを素直に聞き入れる。そしてこの試合4安打の固め打ちで、おまけにすべて長打。

「おまえ、すげーな」

秦が驚くように声をかけると、

「はい！　あっ、いえ……」

嬉しそうに答える今村。ここから何かが吹っ切れたかのように、ダブルヘッダーの二試合目では打ち続け、レギュラークラスが出る一試合目に使われるようになっても結果を出し、三年生の正捕手を脅かす存在となる。

今村はそれほどハートが強いわけではないが、異常なほどの目立ちたがり屋。

「メジャーに行きたいですね」

中学校時代から、テレビのインタビューでも堂々言うほどのビッグマウス。何もビッグマウスは悪いと言っているのではない。今村は、一旦メジャーという夢を設定した以上、変えてはいけないと思っている。設定を変えた時点で、夢が届かなくなるからだ。

理論的に考えられるところもあれば、そうじゃないところもある。リード面においても状況を顧みずにすぐ気持ちを前面に出せばいいと思っているため、配球もインコースしか要求しなかった。中学校三年の頃はそれで通用したかもしれないが、高校野球はそれほど甘くはない。

そういった経緯もあり、市原にとって今村はただのお調子者にしか見えない。リードにしても自分が目立つようなリードをしたがる。ただ市原は今村に対し期待している分、要求も高くなる。いちいち細かいことを言っても始まらない。新戦力の一年生たちの準備は整った。

もう夏はすぐそこ。三年生にとって最後の夏が始まろうとしている。

朝日新聞の大会前の〝東東京の展望〟においては、有力校に差はなく混戦模様と言われる中、前年夏と秋の大会で準優勝の二松学舎の評価が高い。大黒、岸田以下四人の投手陣と高校通算52本塁打の主砲秦を軸にした強力打線と、投打のバランスに富んでいると記されている。戦う前の評価は、参考にはなるが当てにはならないものだ。

まだ梅雨が明けないまま、二〇一四年第九十六回夏の東東京都大会が始まる。

実は九十六という数字は何か因縁めいたもので、市原が監督に就任した年が一九九六年、また三年生が生まれた年も一九九六年、おまけに立野が二松学舎に入学した年も一九九六年という奇縁めいた数字が連なる。これが不思議な縁となるのか、ただの偶然で片付けられるのか。

初戦は七月十四日。三回戦城西との初戦を迎えた。

先発大黒で始まった試合は、2対3で1点リードされたまま6回1アウト一、二塁で、大江がマウンドに上がる。一年夏の公式戦初登板の大江はさしたる緊張もなく、いつものペースで無難に後続を抑える。

そして1点差のまま7回裏、先頭打者で迎える大江の初打席。普段、ほとんど緊張したことがない大江だが、さすがに負けている試合での初登板ということもあって、気を張りつめてバッターボックスに向かった。

「先頭だから出なきゃな」

落ち着いて打席に入った大江は、城西のピッチャーの第一球を待ち構える。

「ボール」

外角に外れる。

「あ、打てる！」

初球を見た瞬間、緊張が解けヒットを放つ。

その後、後続が続き自ら同点のホームを踏み、この回3点を取って逆転。残りの8、9回もノーヒットでランナーを出さず無失点で勝利。初登板初勝利。

大江は初登板を無得点で抑えられたことも良かったが、1点差でリードされている中、先頭打者での初打席をヒットで出塁できたことのほうが何倍も嬉しかった。これで気持ち的に乗ることができた。5対3で辛勝。

あまり緊張はしなかった大江であったが、寮に帰ってくると疲れから脱力というか、力が入らなかった。

「これが夏の公式戦かー」

大江にとって初めての夏が始まったばかりだ。


七月十八日。四回戦　東海大高輪。

梅雨の終わりの汗ばむ季節にもかかわらず無風で気温も高くなく、選手にとってはこれ以上にない好条件で試合に臨める。

7回表、東海大高輪が2対2の同点に追いついた時点で、二年岸田に代わって大江がマウンドに上がる。2アウト一塁。同点で勢いづく東海大高輪打線を冷静に抑え仕留める。

両者譲らないまま8回裏、二松学舎にチャンスが訪れる。1アウト二塁で八番・今村。ストレート、スライダーと簡単にツーナッシングに追い込まれるが、粘ってカウント1ボール2ストライクからワイルドピッチでランナーが三塁へ進塁。1アウト三塁で絶好の得点圏チャンス。打てばヒーローの今村は力んだのかボールを強振しセカンドフライ。

「あ～あ」

スタンドからはため息。2アウト三塁、まだチャンスは続く。打席には7回途中からマウンドに上がった背番号18の大江。カウント2ボール2ストライクから緩いスライダーをセンター前に弾き返し、待望の追加点を奪い、そのまま決勝点となる。

気をよくしてマウンドに上がる大江は、9回表も東海大高輪打線を簡単に三人で斬り、3対2でゲームセット。投打に活躍するストッパー大江竜聖。この日もノーヒットピッチング。これで二松学舎の勝利の方程式が確立した。

七月二十二日。五回戦　都立城東。

二試合を戦って波に乗ったのか、打線も爆発しエース大黒が余裕の完投で8対0、7回コールド。二松学舎が都立城東を下し四年連続で準々決勝進出を決めた。

七月二十五日。準々決勝　東亜学園。

2回表、東亜学園の攻撃、連続ヒットで1アウト一、三塁。ずっと先発マスクをかぶっている今村は細心の注意を払うべく気が張りすぎたのか、スクイズバント処理の大黒のトスを落球し、さらに次打者のスイングがキャッチャーミットに当たり打撃妨害となって1アウト満塁。大黒は一年生今村のミスをカバーしようと力んだため死球を与えて押し出し。気落ちする今村に大黒は落ち着いて声をかける。

「別に2、3点取られてもいいから、のびのびやれよ」

もともとは、三年生の背番号2を付けているキャッチャーと今村を併用する考えだったが、市原は思い切って初戦から今村を起用。若さと可能性を買うというよりも、勢いと新しい血を入れたかった。今までと同じことをしても勝てないと思ったのだ。今村も、市原の気持ちを知ってか知らずか期待に応える。

市原は今村に毎試合後、確認した。

「おまえ、次も行けるか?」

「行けます!」

バットが振れなくなったり、プレーに精彩を欠いたりする場面もあったが、今村は先発で出ることが楽しくてしょうがなかった。

二松学舎の先発大黒は、打たせて取る投球で6安打4失点の完投。二試合連続で大江を休ませられたのは大きい。10対4で準決勝にコマを進める。

七月二十九日。準決勝　成立学園。

春季大会優勝の成立学園は、春大の準々決勝で二松学舎を7対2で下している。あれから約四カ月弱、新戦力を加え東京屈指の強力打線に生まれ変わった二松学舎にとって、リベンジの絶好のチャンス。

初回、二松学舎は三者凡退に倒れたが、相手投手に球数を19球投げさせ、じっくり見極めるなど、各バッターがきちんと目的意識を持って打席に立っているのがわかる。成果はすぐに表れる。

2回表、成立学園の失策から始まった。先頭の四番・小峯瑛輔が三塁寄りに高々と上げた内野フライをサードとキャッチャーのお見合いで出塁。五番・岡田浩輝のレフト前ヒット、六番眠れる大砲・秦の四球で無死満塁。そして七番・今村。今大会チャンスに回ってくるが、いまだ打点0。先制のチャンスだけに打ちたいところだが、気合いが空回りして空振り三振。八番・大黒も三振となり、2アウト満塁となって、打席にはセカンドの一年生の三口が入る。

身長162センチとチーム一小柄な三口は四回戦、五回戦とスタメン出場で計7打数2安打。準々決勝ではスタメンから外れていたが、この試合で再びスタメン復帰。すでにスタメンが板に付いて落ち着きはらっている三口は、初球からじっくり球筋を見ている。そして四球目の甘く入った内角高めのスライダーを、上手く全身をぶつけるように振り抜いた打球は、レフトの頭上を越える走者一掃の二塁打となり3点を先取。九番で小柄なセカンドだと、外野の守備陣形は当然前に来る。まさかあそこまで楽々右中間をまっぷたつに割る打球を飛ばすとは夢にも思わない。

中学時代、大江は三口のいたチームと練習試合をよくやったが、必ず打たれるのが三口だった。あまり三振をせず、小さい割にパワーがあった印象が強い。

162センチの三口の身体の、どこにそんなパワーが秘められているのか。

実は中学一年の五月下旬に体育の授業で高飛びをやっていた際、着地に失敗して右ひざの皿が割れてしまうという大怪我を負う。もともと右ひざは疲労骨折したりと弱かった部分でもあり、手術に踏み切った。

完治するまでの半年間、練習ができないのでひたすら体幹トレーニングで身体を鍛える。所属していた都筑中央ボーイズの会長である前田幸長（元・巨人）が、プロで教わったメニューを伝授し、いろいろなやり方で腹筋、背筋、腕立て等を半年間やり続けた。復帰したあとに、それまで外野まで飛ばすのがやっとだったのが、外野を楽々越すようになり、打球の飛び方の違いをまざまざと実感する。

入学して六月の頭、三口を遠征に連れていった明大中野八王子でのA戦（Aチームでの試合）で三口はホームランを打った。試合後、市原は立野に電話をして「三口、あいつホームラン打ったぞ！」と開口一番に言うほど、嬉しい悲鳴だった。

三口が二松学舎に入った理由も、また部長の立野が絡んでいる。

立野は、二〇一三年三月二、三日に開催された横浜DeNAベイスターズ主催の『第一回DeNAベイスターズカップ～神奈川県中学硬式野球選手権大会～』で都筑中央ボーイズの試合を観に行った。このとき大江がいた横浜ヤング侍も出場している。

都筑中央ボーイズの別の主力を見に行ったのだが、同じく主力の三口にも目が行く。最初は守備が上手い、そつがないというイメージだったが、夏頃になると遠くへ飛ばす能力もあることを知り、千葉県富津市でキャンプを張っているところへ行くと、母親がいたので挨拶をしたのがきっかけだ。

二〇一三年春季大会、神宮第二球場での準々決勝東海大菅生戦に、三口の母親がひとりで観に来てくれた。試合は23対0でボロ勝ちしたのだが、三口の母親が号泣している。

「こうやってお兄ちゃんも応援してあげればよかった」

三口の兄直哉は、島根の立正大湘南高校で二〇一二年に甲子園に出ている。

遠い島根だったため、身近で応援してあげることができなかったという思いが錯綜し、止めどもなく涙が出てしまったのだ。

「本来だったら、上の子も毎試合こうやって応援してあげるべきだったんですけど……。すごく感動しました。本当にありがとうございました」

母親として近い距離で応援してあげたいという思いと、生徒もOBも一緒になっている二松学舎の応援がとても気に入ったことで、満足して家路に就いた。そういった経緯もあって、三口は二松学舎に入学する。

野球で上のクラスに行くごとに、身体が小さいのは有利に働かない場合が多い。身体が大きければすぐ目につくが、身体が小さいとまず目立たない。一年生であの小さい身体で、スタメンでレギュラーを張るということは、ただ単に野球が上手とかじゃなく、市原が感じ取る何かがあった。ミーティングで聞いている顔つきだったり、練習に対する姿勢だったり、日々の中にキラリと光るものが絶えず存在していた。

バッティングに関しては身体の使い方が上手く、思い切りもよく、長打も打てる。バットコントロールも柔らかくて上手く、日々成長している感じだ。足は速くないが、一塁に到達するスピードは速い。ただ守備に関しては、みんなが真似するような守備の基本をするというより、意外にトリッキーな守り方をする。見方によってはちょっと雑にも見えるが、グローブにちゃんと入るのでとやかく言わず、今は捕ることに集中させる。

市原が思うに、三口は今村と違っていい加減にはなれない。開き直るより、ちゃんと下地を作って根拠のある自信を持って挑む選手だからだ。

前年度の秋季大会決勝で負けたとき、弱点だったのがキャッチャー、セカンド、そしてリリーフできるピッチャー。守れる内野手で勢いのある選手ということでセカンドに三口が抜擢され、キャッチャー今村が期待通りの活躍を見せ、そしてリリーフには左がいいと思っていたところに大江が出てきて、ウィークポイントが綺麗に埋まった。

三口や大江といった身体の小さい選手はバテるのが早い。ましてや一年生だけにエネルギーの容量が少ない。一年生を試合に出すときは疲れてないかどうか、かなり気を遣った。

一年生三人のうち二人がレギュラースタメンで出場し、大江はリリーフで毎試合肩を作って準備している。高校野球という初めての舞台に、慣れない環境で精神的にも肉体的にもかなり疲れていたのだろうが、例年の一年生と比べても疲れているとは感じさせなかった。それよりも楽しくてしょうがないように見えた。大江、三口は一年生としては十分な働きをしているが、今村はキャッチャーというポジションの性格上、守備でいっぱいいっぱいな感じだった。

2回表、三口の走者一掃のツーベースで3点先取を足がかりに、5連続適時打でこの回一挙7点。試合をかなり有利に展開する。

6回表、成立学園は1点を挙げてなお2アウト一、二塁でセンター前ヒットを打たれ、二塁走者がホームイン。ここで大江が満を持して登場。マウンドに立った大江は、セットポジションについてからサードに送球をした。二塁走者が三塁ベースを踏み忘れていたということで、アピールプレーによりアウトとなり、ホームインは認められず。大江は、このときサードに暴投しないかどうか、初打席以来の緊張を覚え、投げる瞬間ハラハラドキドキだった。

結局、大江は1回3分の1を危なげなくピシャリと抑えて、9対2で7回コールド。

三口は前日に大振りになっていた打撃フォームを修正し、コンパクトな振りに変えたおかげで4打数3安打の猛打賞と決勝進出の立役者となる。

負の歴史を知らない三人のルーキーズが、二松学舎の夢を運んでくれる。

そんな期待を周囲は抱かずにはいられなかった。

第八章 雌雄

決勝戦　二松学舎 対 帝京

〝十一度目の挑戦〟と何度言われても、市原にとってはただ〝やるしかない〟だけ。九度目あたりから決勝、準決勝に出る度に〝呪縛〟という文字が新聞紙上で躍るのはもはや恒例。ただ過去十度の決勝と違うことがひとつだけある。

一年生が主力で三人いる。

それもピッチャー、キャッチャー、セカンドとある意味センターラインが一年生でチームの骨格を担っている。

大江に関して言えば、夏の大会はリリーフで起用することを最初から決めておいた。一年生だけに、いかにプレッシャーを与えずに起用してあげるかを第一に考えた。「明日投げるから」と事前に言うのではなく、投げるよ、投げるよと登板を醸し出しておいて、本番で「じゃあ行くよ、大江」と緊張の間も与えない感じで投げさせた。

投手出身の市原だけに、ピッチャーのメンタルをうまく鍛え、コントロールしていくことには長けている。とにかく市原は人に驚かれるくらいの神経質であり、常に相手のことを念頭に置いて考え、相手の性格をもとに状況によって接し方を変えていく。時にはカーッとなるときもあるが、それも愛情の裏返し。

市原は今まで入念な準備をして、丁寧に丁寧に戦っているようなところがあった。でも、あらためて考えてみると勝負事は半々だ。今までだと、三年生がいたら、心の中では下級生のほうが勝負度胸あるなぁと思っていても、経験の多さや人間的にも成熟しているほうをあてにしていた。

今年はそうではなく、現段階の選手の状態や性格だけを見ての起用法に思い切りシフトした。

だから、一年生の力の勢いや起爆剤というよりも純粋に戦力として見てピースがハマっただけだ。決勝の舞台を初めて踏んだ一年生トリオは、それぞれ思い入れが違う。

大江は、さすがに決勝だけに雰囲気が違うなと思った程度で、極度の緊張は感じなかった。三口も同じ。大江も三口も試合になれば、自然と集中力が高まる。緊張する暇などないのだ。心臓に毛が生えているのか、そのあたりは今までの一年生とはまったく違う。

今村はこの三人の中では一番緊張するタイプで、緊張から気持ちが悪くなってしまうほど。試合前の緊張があまりに激しいため、声もかけられないし、当然自らも話してこない。

決勝戦の直前、ロッカールームで今村はずっとゴミ箱を持ちながら「うえーっ」と吐きそうになっている。

「おい、大丈夫か、あいつ」

「まただよ」

大江と三口は心配そうに見守る。

普通の緊張とは少し違い、神経が高まって高まって極限まで高まって、集中して吐きそうになっているのだ。だが試合になるとピタッと落ち着く。試合前はあれだけ緊張している今村が、試合に入ると「慌てないで落ち着いていこう」と声をかけてくる。大江は、さっきまであれだけ落ち着きなく慌てていた今村が、よく言えるもんだなと逆に感心する。

一塁側スタンドには二松学舎の全校応援に加え、各年代のＯＢたちが数多く応援に来ている。

その中に日大野球部監督の仲村恒一もバックネット寄りに座っていた。

一九七八年度二松学舎卒業後、日大、東芝府中で活躍し、東芝府中コーチ、東芝府中監督で指導者として辣腕を振るい、二〇〇九年秋から日大監督に就任。二松学舎で現役の頃は、荒木大輔の兄健二、川又米利（元・中日）らがいた早稲田実業が全盛期で、最後の夏も準決勝で早実に敗退している。

仲村はかねてから思っていたことがある。十回連続決勝敗退といっても、十回の決勝がすべて同じ意味合いを持つわけではない。少なくとも七〇年代の二回の決勝は別物。ただ言えるのは、二〇〇二年から三年連続決勝で負けた世代は、甲子園に行っても十分に戦える力があったのに、何かが足りないばっかりに夏の甲子園に行けなかった。その何かとは、ずばり〝采配の非情さ〟。

仲村自身も自戒を込めて思うのだが、非情さを持たないチームは勝てない。恩師である青木も非情さがない。夏の大会は下級生に背番号一桁を絶対につけさせず最後は上級生で勝負し、ダメだったら仕方ないという試合をする。

二松学舎というのは、選手の人生のことを優先して考えるチーム。帝京の前田は、ものすごい素質がある選手でもポーンと切る。市原も青木もそれは絶対にしない。いい監督だって言われている人に、勝てる監督はいない。

いろいろ長く野球を経験してきた上で、仲村は青木野球も市原野球も否定するつもりは毛頭ない。二松学舎の野球はそれでいいと思っている。青木は人を大事にして野球の試合をしていく。勝ちだけにこだわるのではなく、こいつで最後まで行こうといった負けるリスクも背負いながらやっていくし、市原は選手の力を引き出すことを優先している。

選手の先の人生なんて関係ないという非情さを持っている監督は、強いチームを作っている代わりに「こんなところ来なきゃよかった」と嘆く選手もたくさん輩出しているはず。青木も市原も二松学舎の選手たちに、そんな思いは絶対にさせていない。仲村自身もどっちかと言えば、野球部員130人を預かっている立場上、ちゃんと大学を満足いく四年間で卒業させてやりたいのが前提にある。しかし、いざ試合になったときは、ある程度コマとして使わないと勝ちは転がってこないのが実情である。

仲村はそんな思いに耽りながら、バックネット寄りのスタンドで試合開始のサイレンを待っていた。

七月二十七日。決勝戦　帝京

帝京と決勝で当たるのは四度目。過去の三戦は完全に力負け。宿敵帝京の縦縞のユニフォームを見るのも嫌な時期すらあった。野球の神様がもしいるのだとしたら、最終ステージのラスボスは、あえて帝京をぶつけてきたに違いない。二松学舎にとっていろんな意味で絶対に越えなきゃいけない相手であるからだ。

「おっ、やっぱ決勝は違うな〜」

今村はグラウンドに出て、あまりの雰囲気の違いに驚く。

準々決勝から神宮球場で試合をしてきているが、それまでの雰囲気とは比べ物にならないくらい物々しく、球場の空気がピリッと張りつめている。観客たちが期待に胸を膨らませているのもビンビン伝わってくる。この瞬間、今村は変に呑み込まれることなく「よし、やったる！」とアドレナリンが上昇し、開き直ることができた。元来、目立ちたがり屋だけにこの大舞台がむしろプラスに働いた。

序盤から息詰まる展開で始まる。

3回までゲームは淡々と進み、所要時間はたった二十三分。その間、二松学舎は九番・三口の1安打のみ。二松学舎はエース大黒、帝京は清水で始まった試合はテンポ良く進む。

決勝という重苦しい雰囲気をものともせず、二松学舎の守備が光る。

まず初回、1アウト後の三遊間深いゴロを、ショートのキャプテン竹原祐太が強肩を生かしアウト。さらに次打者のキャッチャーフライを、今村が一塁側二松学舎ベンチ前まで追いかけ、倒れ込みながらもキャッチ。さらに3回裏1アウト後の三塁線深い打球をサードの北本一樹が好捕し、慌てずワンバウンドで刺している。

大江は試合開始時ベンチで待機し、いつもだいたい3回からブルペンで肩を作り始める。この決勝のベンチのときだけは、三年生が「負けたくない」より「市原に優勝を味あわせたい」という執念の思いが凄まじく、大江もいつしかその空気に呑み込まれていった。

さすがは強豪帝京。5回に1点、そしてたたみかけるように6回に1点追加し、ノーアウト二塁。エース大黒が降板し、勝利の方程式のストッパー大江にスイッチする。

「すまん、頼む！」

「はい」

この大事な決勝戦で打たれてしまった大黒は、自分を悔い改めるかのようにボールを軽く見つめ、大江にボールを託す。

大黒はこの夏に懸けていた。高校二年の二月後半投げ込みの際、肘に「ピシッ」と痛みが走り、病院でエコー検査すると肘の靱帯が切れかかっていたことが判明。手術すると夏に間に合わないということで、それからシャドウピッチングとランニング中心のリハビリが始まる。三年の春に練習に意欲を見せない大黒を見て、市原が「おまえなんか必要ないよ」とカミナリを落とし、投げられないストレス等を抱えていた大黒は、裏方に回ろうかと思うこともあった。だが、今まで支えてくれた家族を裏切れないという思いから、また懸命にリハビリを続け五月中旬からやっと投げ始めることができ、なんとか夏に間に合った。

エースナンバーを背負っている以上、この決勝だけは不甲斐ないピッチングをしたくないという思いが強かった。それだけに降板はいたたまれず、一年の大江に希望を託すしかなかった。

大江は決勝の舞台だからといって緊張などはしない。試合になれば集中するだけ。ただ、決勝という舞台はどういうものだろう、どういった試合になるだろうと、興味本位ではないがアスリートとしての本能が純粋な疑問を掻き立てる。

決勝戦の神宮球場のマウンド。今まで感じたことのない暑さだ。正直、スタミナは限界に来ているが、アドレナリンが身体中を駆け巡り、集中力がどんどん研ぎ澄まされていく。

照りつける太陽の日差し、スタンドからの狂熱の声援、両軍選手たちの意気上がる熱気、そしてエース大黒が託す熱い思い、すべてが混ざり合って、感じたことのない暑さを体感している。とにかく、不用意にフォアボールでランナーを出すことだけは避けたいので、丁寧に行こうと集中するだけ。

だが、帝京四番・浜田が初球のアウトコースを狙いすましたように流して二塁打。二塁走者が還って3点目。大江は今大会初ヒットを打たれた。

スタンドからは「あ〜あ、今年もダメか」といったため息にも似た声が漏れる。落胆したスタンドの空気を吹き飛ばすように、大江は続くピンチを飄々と得意の変化球を交えて乗り切り、帝京の勢いを止める。

6回終わって0対3。ベンチに戻ると、さあこれから攻撃だというのになんだか変な空気を今村、三口は感じる。

「あ〜今年もか……」

三年生たちからすれば、前年度に決勝で負けている場面がフラッシュバックのように一瞬でも過ってしまったのか、不穏な空気が流れている。このとき三口は「こういうことなのか」と思った。二松学舎が決勝で十回負けたのは、決勝の独特な雰囲気に選手は呑まれてしまい力が出せないのだと、三口なりに瞬時に分析する。しかし、今村も三口も「まだまだいける！」と思い、大江はベンチの奥で涼をとって体力を温存している。一年生トリオは、誰ひとりとしてこの試合を諦めていない。

市原も0対3のスコアを見て「また今年もかなぁ……」と一瞬思った。ただ選手の様子を見てみると、空気がいつもと違う。決勝で負けるときは、どんどんエネルギーを吸い取られ、気力が遠のき、勝ちたい情熱がだんだん薄らいでいくのを目の当たりにしてきた。

しかし、ベンチの中にそんな空気はない。それも一年生たちが生き生きとした顔で声を出し、躍動している姿が上級生にも伝播し、温度を上げている。

市原は「これは、もしかしたらひっくり返せるかもしれないな」という気持ちに変わる。監督、選手を含めたベンチの雰囲気が良ければ、プラスの方向へ向かっていくんだとあらためて感じた。

ここまで来れたのは、一年生特有の怖いもの知らずの力もあるかもしれないが、それよりもなによりも市原自身の意識が変わったことが大きかった。

二〇一三年の決勝戦より以前は、力を発揮させる方向というより、いい結果を出させよう、ここまで引き上げたい、と技術面を上げることばかりに着手し、背伸びさせるような感じでいた。力さえ発揮してダメなら仕方ないが、力が出ないで負けるのはやっぱり悔しいしもったいない。では、力が出るように戦うにはどうしたらいいのか。

あれこれ考えた結果、〝落ち着いた野球をやる〟に行き着く。市原は早速、選手たちをどれだけ落ち着かせるかに目を向けながらチーム作りをすると、二〇一三年、以前に比べてスムースに決勝戦に進むことができた。

「もしかしたら、今まではこういう感じでやってなかったんだなぁ。だから力が出てなかったんだなぁ」

やっと気付いた感じだ。その考えに至ったのは、市原が監督になって五度決勝戦に行っている自負。着実に夏の甲子園に近づいているし、甲子園にいつ行ってもいいだけの力は常にある。力があるのに負けるのは、力を出し切れてないだけなんだと。

〝落ち着いて野球をやる〟ことをテーマに、練習に取り組んだ。プレー中のことだけでなく、攻守交代でチェンジになって戻ってくるときや、チェンジになって守備位置につくときに落ち着いて守りに行く練習をした。

「ピンチを守り切ったときも『わー』ってガッツポーズするわけでもなく、淡々と帰ってこい。逆にチャンスを潰したときも淡々と守りに行け、絶対に表情に出すな！」

戦況に関係なく、一喜一憂せずに淡々とプレーするためには攻守交代から大事。それもこれも〝落ち着いて野球をやる〟ためであり、積極的にイメージトレーニングの練習を取り入れた。

何かが足りなくて甲子園に行けないという発想から、十分に足りているからあとはどうやって力を出すか。そこに意識を傾けて練習をすると、意外と力がすんなりと出て勝負強くなり、選手の背負っているものが減った気がする。8しかないものを10出そうと思うと当然、力が入る。8出して優勝できるのに、10出そうと欲張って4しか出せなくて負ける。だったら8でいいから8の力を出そうという発想に変えたのだ。

今までは力んで力んで、決勝まで行くと「はぁはぁ」息切れしていたのが、自信に満ちた感じで決勝戦に向かう雰囲気が出てきた。監督というのはいつも不安がつきもので「このボールも打たれるんじゃないのか、あのボールも打たれるんじゃないのかな」と、相手のチームをプロ野球のチームと同じぐらい高く見積もってしまうほど不安になる。それをちゃんと落ち着かせ、「そんなわけはない。自分たちの力を出して負けるわけがない」と思えるようになったときに、結果が付いてくるのだ。

つまり市原自身の意識の変革、発想の転換が、二松学舎のチームを大きく変貌させた。

「二松学舎〜、また無得点」

カーラジオからの実況の声を、芦川武弘はヤマハの営業車の中で聞いていた。

市原が、監督として初めて決勝に行った一九九八年世代のエース。

たまたま神宮外苑の近くを通ったため、同乗していた先輩が「ちょっと見てこいよ」と言ってくれたが、芦川は躊躇した。負けた世代である一番の張本人が行くことで、負のオーラを持ち込んではいけないと思ったからだ。それでも、どうしても一目だけ見たくて球場に駆け足で入る。試合を見たいのではない。十六年前の自分たちと同じカード、二松学舎対帝京のユニフォームだけを見たかったのだ。スタンドへ行きグラウンドでプレーしている選手を見た瞬間、涙がどっと溢れ出た。

何の感情なのかわからない。スコアボードも見てないから試合の展開もわからない。十六年前の試合の後悔でもなく、ただ後輩たちに頑張ってほしいという思いだけだったのかもしれない。ユニフォームを見ただけで、芦川はすぐに車に戻った。

迎えた7回表、二松学舎の攻撃。とんでもない男がとんでもないことをしでかす。

五番・岡田のセンター前ヒット、六番・秦のフォアボールで1アウト一、二塁のチャンスで、ビッグマウス今村大輝の登場。

　この大会、チャンスの打席を幾度となくクラッシャーのように潰してきた。元来の目立ちたがり屋が「ここで打ったらヒーロー」という意識が強すぎて空振り、まさに空回りだ。一年生コンビの大江、三口に遅れをとっている。準決勝での好リード、初回の一塁ベンチに飛び込むファイトでキャッチャーフライを好捕と、ディフェンス面は良くなった。

　あとはバッティングだけだ。

「七番、キャッチャー、今村くん〜」

　女子高生ウグイス嬢の、独特のすっとんきょうな甲高い声。このクソ暑い最中の耳障りな音は普通神経を逆なでするものだが、スタンドの歓声と球場内に木霊する女子高生のアナウンスはすでに日本の風物詩であり、夏を本格的に知らせてくれる音響でもある。

　今村は竹刀を持つようにバットを両手に持って歩き、ベンチのほうを見てあからさまに顔を突き出しサインの確認をする。そして、審判に一礼をしてから慎重にバッターボックスに入った瞬間、一気に集中力が高まった。

　一塁走者の秦が大声で叫ぶ。

「おい、遠慮するな、積極的に行け！」

　もはや今村は、秦の声もスタンドの歓声も何も聞こえていない。ただマウンドの帝京清水だけを見ている。水を打ったような静けさ。

　ベンチのサインは「待て」。

しかし、今村は打席に入る前にあれだけサインを確認したにもかかわらず、集中しすぎたためにサインを見落とすという意味不明なボーンヘッド。でも今村は何も感じず何も気にせず、ただ18・44メートル先しか見えてない。

ピッチャーの投球モーションに合わせて身体を始動しかけたが、手から離れた瞬間、ボールとわかった。気負いはない。

初球内角高めの1ボール。ボールが先行したことでさらに集中力が増す。でも本当に静かだ。さっきまで決勝戦という独特な雰囲気によって、目に映るものすべてが異色に見えていた。スタンドにいる観客の思いが一心にグラウンドに集まり、異様なプレッシャーがどこからともなく降り注がれていたのに、この打席の今村の目には帝京のピッチャー清水しか映っていない。あとは無味無臭な空間が広がっている。何も聞こえない中で耳の奥が微かにツーンと鳴り、またそれが妙に集中できるシグナルとなっていた。

二球目、真ん中に甘く入ったスライダーだと脳で認識した瞬間、身体がスライダーに合わせるようにスムースに動いていく。最短距離で移動するバットがしなやかなラインを描くようにスイング。

「カキーーン！」

乾いた金属音が響く。

ボールを上手くバットに乗せ、右手一本で運ぶ感じで押し出すフォロースロー。

ボールは白い雲に吸い込まれるようにふわりと舞い上がる。

「ああああぁぁ」

打ち損じのレフトフライと思ったスタンドからため息が交じる。

そのときだ。ホームからレフト方向へ風が吹き、ボールがぐんぐん伸びていく。

おいおい、まさか…………。

選手、ベンチ、スタンド、すべての視線が高々と上がった白球に集中する。みんなが固唾を呑む。レフトがジリジリと後退し、ついに背をフェンスに付け思い切りジャンプする。

「ポーン、ポーン、ポーンポンポンポ……」

レフトのグラブをかすめるように、レフトスタンド最前列に飛び込んだ打球は大きく跳ね、スタンド席の四列、五列へとピンポン球のように弾みながら転がっていった。

「ウオオオオオオオオオオオオオオオオォォォォォォ！」

地鳴りのような歓声に神宮球場が揺れた。

「入った入った、ホームランだ」

実況のアナウンサーも興奮するほどの起死回生の一発。

開放されたレフトスタンド席ギリギリに入るホームラン。幻でもなんでもない、正真正銘のスリーランホームラン。値千金の大ホームランだ。

これで同点に追いつく。

ダイヤモンドを意気揚々と回る今村。この憎めないビッグマウスがやっと大口を叩けることをやり遂げた。この衝撃の一打で球場内の雰囲気が一変した。今まで意気消沈していた一塁側二松学舎スタンドが、まるで息を吹き返したかのようにうねり始める。

ベンチに戻った今村を、三年生たちがメガホンでモグラ叩きのように叩きまくる。今村を一番可愛がっていた主砲の秦は、絶叫しながらメガホンで今村の頭をゴツンゴツン叩いたあと、肩を抱く。ベンチは蜂の巣状態。

「よし！」

市原はこの同点で勝てると確信する。過去の決勝で劣勢から追いついたケースは一度もない。それよりも選手がこれで完全に息を吹き返した。すべては諦めなかった力の結集だ。


この勢いを誰よりも嫌がったのは帝京の前田。その裏の帝京は連続ヒット2本であっという間に勝ち越し。二松学舎に傾いていた流れを引き戻した。さすがは百戦錬磨の前田だ。

次の打者がキャッチャーフライを上げ、今村は俊敏な動きでバックネットまで追いかけ好捕。その間に一塁走者が二塁に進塁。セオリーとして、ノーアウトもしくは1アウトでファウルエリアの深い打球を捕球しても一塁走者の進塁を許すだけだが、ひたむきに球を追いかける一年生のファイトあるプレーが、時に試合の趨勢を左右する。

野球は理屈じゃないから面白い。

8回表、二松学舎はヒット、バント、ヒットで1点をすかさず返し同点。

その裏、代わったばかりの大江の立ち上がりを果敢に攻めた帝京打線だったが、変化球と130キロ台のストレートのキレが増し、寄せ付けないピッチング。

9回裏の帝京の攻撃。2アウト後、センター前ヒットで守備がもつれる間、二塁へ。一打サヨナラの場面。帝京の右バッターは明らかな右狙い。右バッターは追い込まれたら外中心に狙って引きつけて打つ、という教えが頭に浮かんだライトの秦は、第六感なのか「なんだか来そうだな」と少し前で守備位置をとる。秦は足のサイズが32。足が大きい選手は大成すると言われている。振るパワーが規格外で、立野は帝京戦で満塁ホームランを打てるのは秦しかいないと惚れ込み、中学三年時の秦に「おまえのホームランで帝京を倒そう」と熱心に誘っていた。

秦はどんな大会でもはじめは調子が悪く、試合を重ねるうちに調子を上げていくタイプ。しかし、この大会に限り初戦から調子が良く、余裕があったせいか城西戦の最終打席に大きいのを狙って三振。そこから調子を崩した。準決勝の成立学園でチェンジアップを狙ってヒットを放ち、きっかけをつかんだが爆発できないまま帝京戦を迎えた。

帝京は9回裏、2アウト二塁で一、二塁間を破るライト前ヒット、サヨナラのランナーが回る。前進守備だった秦が懸命のバックホーム。

「うおおお」

これぞお手本かというバックホームが、今村のミットに吸い込まれる。ランナーは三塁を回ったところでストップ。あまり肩に自信がない秦の一世一代のバックホームだった。

ピンチはまだまだ続く。

2アウト一、三塁、パスボール、ワイルドピッチでもサヨナラだ。

伝令に、大黒がマウンドに走る。

「とりあえず落ち着いていつも通りな。おい、聞いてる？」

ナインは集中した顔つきで、守備位置に散る。

迎えるバッターは四番・浜田。一年生バッテリーは満塁策を選ばず勝負に出た。外角のボール球の変化球を見送られたあと、外寄りのストレートのボールの下を叩かせライトフライ。強気の姿勢が四番であろうとバットの芯に当てさせない。気迫が勝った。延長戦に突入する。

10回表、1アウト後、二番・二年の北本一樹がレフト前ヒットで出塁。迎えるバッターはキャプテンの竹原裕太。

「繋げられればいいし、長打なら勝ち越しか」

ふたつの思いを巡らせながら、掛布張りのルーティンを繰り返し、左打席で構える。

竹原には苦い思い出がある。一年夏、二〇一二年の準々決勝成立学園8回裏、5対4で1点リード。成立学園の攻撃で1アウト一、三塁になったところで、二松学舎のピッチャーは当時一年の大黒から鈴木誠也（現・広島）にスイッチ。同時にレフトの守備位置に竹原が入った。代わったところに打球が行くとよく言われる。フルカウントからその代わったレフトへ変な回転がかかったハーフライナーが飛び、ワンバウンドの際に竹原が後ろにそらし、これを契機に一挙4点が入りそのまま敗退。一年生ということで硬くなったのが要因だ。竹原は今思えば、三年生と関わりを持つ時間が少なく不安ばかりが増幅し、できることなら試合に出たくなかった。要は、試合には出たいのだが、出るのが怖い。

どこの高校でもそうだが、二松学舎の上下関係もご多分にもれず厳しく、グラウンド内で三年生が一年生を威圧するのは当たり前。本音を言えば、三年生が怖いため一緒にプレーするのを嫌がる一年生が大半だ。

竹原は、一年生トリオに自分のような思いをさせてはいけないと積極的に声をかけたり、たまにはイジったりして、他の三年生と一緒になって緊張感を和らげてあげることに徹する。どうしても学年ごとに固まりやすく、それが距離感や溝を作ったりする要因となることを察知した市原は、「学年ごとに固まるんじゃなくて、意識してみんなで行動しろ」。三年生に口酸っぱく声をかけ、一年生がやりやすい環境を徹底して作ることに努め、また三年生も市原の意思を汲み、協力体制を敷いてくれた。

延長10回表、1アウト一塁、カウント2ボール2ストライク。

身体は左バッターボックスに向きながら、少しだけ上半身を反転してベンチを見る。市原は「決めてこい」と無言の檄を込めるように右腕を胸の前で振る仕草。竹原は自分の間合いを大切にしながら、シュアなバッティングが持ち味。帝京ピッチャーの清水の投球フォームと竹原のリズムが同じ間合いに入った。

五球目、内角低めに落ちるフォークを上手くすくい上げて、左中間をライナーで破る三塁打。早めにスタートを切っていた一塁走者北本が激走しホームに生還。ついに勝ち越した。

打った竹原は三塁に行き「よっしゃー」と叫びながら、拳を作って小さく下でガッツポーズ。三塁上でまだ興奮覚めやらぬ竹原は、何度も何度も「よしよし、いけいけ」と鼓舞するかのように吠えた。

ついについに、延長10回表、5対4と勝ち越した。

最後のマウンドになるのか、大江は堂々とマウンドに上がる。

あとアウト三つで甲子園。

まず先頭打者をセンターフライで1アウト。次の打者は力が入りすぎてボールが先行。ボールが指に引っかかりすぎて、あまりに力が入っているのが自分でもわかり、マウンド上で一回軽くジャンプして力を抜く。そして三球目、カウントを取りにいった低めの球に手を出しセカンドフライで2アウト。

「うおおおおおおぉぉぉぉ」

歓声が腹に響く。球場内の観客はわかっている。

ふたつ上の三年生の先輩を、自分のピッチングで負けさせられないというプレッシャーを自分でかけてきたが、あとひとりというところで初めて緊張した。

ショートのキャプテンの竹原がすーっと近寄ってきて、

「落ち着いていけ」

軽く声をかけてくれた。

大江は感情を表に出したつもりはないが、竹原が大江の緊張を感じ取っていたのだ。

いいタイミングで声をかけてくれたことで、大江は気持ちをリセットできた。

さあ、あとひとりだ。

初球、渾身の力で投げた内角高めのストレートを詰まらせ、ややセンター寄りのセカンドゴロ。

同じ一年生の三口が軽快にさばいて一塁転送、ゲームセット。

「うううううおおお————————————————————」

一九七一年に初めて決勝に進出して以来、四十三年間分の溜まりに溜まった喜びが爆発し、神宮球場のスタンドは花吹雪と歓声が入り交じって歓喜の渦ができている。

ベンチにいた選手たち全員が全速力でマウンド上に駆け寄り、人差し指を出した拳を天に掲げて輪を作っている。もともとは二〇〇四、五年に駒大苫小牧が甲子園夏連覇したときに、守備のタイムで集まったあと、心をひとつにするために空に指差すポーズをやっていた。それを優勝したときにもマウンド上でやったのがきっかけで全国に広まったとされている。

「俺たちがナンバーワンだ！」

天に誇示するかのように指を突き立てる。キャプテンの竹原は少し遠慮がちに、主砲秦は笑顔で、エース大黒は涙顔で叫び、他の三年生たちも下級生も笑顔と涙でグチャグチャ。これ以上のない喜びと幸せが神宮球場のマウンド上で渦を巻いて舞った。

実は試合前の一塁側ロッカールームで、市原は選手にこう呼び掛けていた。

「俺を甲子園に連れてってくれ、頼む！」

監督をやって初めて言った言葉である。

部長の立野と二人きりになったときには、こうも言っていた。

「俺もおまえも卒業生、基本的には生徒である前に後輩にいい思いをさせてあげたい」

市原は監督として、選手たちを導いていく義務があり教えを説いた。それがいつしか大きな重責となって技術ばかりを追求した。それが間違いだと気付き、もう一度心を鍛錬し、自分自身にも意識の改革を施した。

「いつもはなんとかして選手を連れてってやろうという気持ちでした。選手たちが野球をやったということ。私の手から飛び立ったという感じです」

市原は何か憑き物が落ちたように、晴れがましい顔で試合後のコメントを残す。

二松学舎が決勝に進出したのは、夏十一回、秋六回、春一回、選抜一回で計十九回。そのうち十四回は市原がベンチで見ている。十四回のうち十一回が負けており、負けていく様子は嫌というほど知っている。

「ああ、負けていくってこういう感じだな」

もう、負けていくのが肌感覚でわかってしまうところがある。負け続けていくと、最終的には周りがやたらいい人になる。応援も一生懸命やるし、最後に立派だったなとみんなが褒め称えてくれる。逆に帝京だと、負けたらケチョンケチョンに言われるはずだ。二松学舎はそんな風には言われない。

「いやー頑張った、次頑張ろうぜ!」

それが二松学舎の良さでもあり、みんなが愛情を持って応援してくれていることの証である。有り難いことだ。でも正直、何かちょっと物足りないところも感じていた。でも十一回目の挑戦で勝ったときにわかった。きつい言葉で罵声を浴びせて奮起を促すのではなく、みんなが温かく信じて「頑張ろう、頑張ろう」と応援し続けることで、大輪の花を咲かせることもあることを。

優勝したあと、みんなから「良かったね、おめでとう」とは言われず、「ありがとう」ばっかりだ。市原は、むしろ関係者を含めた二松学舎ファンの人たちに向かって心より「おめでとうございます」という気持ちになった。愚直に選手たちを信じ、試行錯誤をしながら意識改革をしたうえで練習をやり続けた結果、「夏の甲子園」を手中にした。

何度でも何度でも倒れては立ち上がり、次こそはという思いだけで前を向いてやってきた。十一度目の決勝で、やっと決勝の向こう側に行ける二松学舎。

十一度目と簡単に言うが、初めての決勝から四十三年かかっている。数々のOBの思いがすべて集約された四十三年間。現役スタッフ、選手、すべてのOBの思いを切らせなかったため、固く閉ざされていた夏の扉が開けられたのだ。

これで終わりじゃない。次の挑戦がもう始まっている。

誓い　　　BEGIN

歩いても　歩いても
遠くなる　景色がある
それでも　あきらめたら
思い出に　変わっていく

どうしようもない　そんな答えじゃ
終われないから　どこへも帰れない
吹き荒ぶ夏の嵐　暮れ行く広野に
涸れ果てた夢に注ぐ　涸れない涙を
僕らは明日へ　歩みを止めない

第九章 天稟

時代の寵児 清宮幸太郎

十一度目の挑戦で、ようやく決勝の壁を越えることができた二松学舎。

決勝の向こう側に見えた景色は何だったのか——。


とても綺麗だった。

芝生が蒼々としてピカピカしてるし、球場全体の空気感がまったく違う。

楽しくさせるというか、ワクワクさせる、そんな雰囲気がある。

「こんないっぱいいるんだ!」

観客がたくさん入っているからか、人がめちゃくちゃ小さく見える。

大江が初めて甲子園に足を踏み入れたときに感じたことだ。

二〇一四年、夏の甲子園大会第五日目の第三試合、二松学舎対海星(長崎)。

7対1の大量リードで迎えた5回表、4点を取られた2アウト後に、大江は憧れだった甲子園のマウンドに駆け足で上がった。

「大江〜頼んだぞ」

二松学舎一塁側アルプススタンドから、万来の拍手が起こった。

マウンドは絨毯のように柔らかく、キャッチャーがかなり近く見え、ものすごく投げやすい。

こんな感覚は野球をやって初めてだった。緊張はしなかったがメチャクチャ興奮した。と同時にスイッチも常時入っていた。それもMAXだ。

神宮球場での帝京との決勝戦10回裏2アウトのときの緊張に比べたら、甲子園での初めてのマウンドの興奮度は超高いが、もう楽しく楽しくてしかたがない。今村、三口も同じで、二人とも飛び跳ねるように甲子園のグラウンドを駆け回っていた。

大江は4回3分の1を投げて失点0、7対5で二松学舎、初の夏1勝を上げる。三回戦の沖縄尚学戦でも5回途中から投げ、最後はサヨナラ打を浴びたが堂々のピッチングを披露。さらに翌春の選抜にも出場し、初戦の松山東に負けはしたものの16奪三振で大江ここにありを示した。

そして、三年最後の夏を迎える。

もともと大江は入部前から注目されていた選手ではなかった。

練習に練習を重ねて一年夏にベンチ入りメンバーに選ばれ、そのまま夏の大会で投げて優勝の立役者となり甲子園でも投げた。言うなればシンデレラボーイ。一気に行った感があるため、途中で驕りや勘違いで伸び悩んだりするかと市原は心配していたが杞憂にすぎなかった。球の力、精神的なもの、安定感も含めて段階を踏んで伸びてきている。衝撃的なデビューをしている割に驕らずここまで順調にきた。それもこれも甲子園の良さを知ってしまったため、甲子園に行きたい思いが強く、驕っている暇がなくて日々努力をしているからだ。

市原が大江を見ていて凄いと思うのは、守りに入らないこと。

例えば、甲子園で投げて一年生バッテリーと騒がれたりすると、普通は負けちゃならない、自分はこういうピッチングをしなきゃならないと格好つける。大江は、そういうところがまったくない。点数をどれだけ取られても勝ったら喜ぶ。変なプライドがない。勝負することが嬉しく、甲子園を目指していること自体が楽しくてしょうがない。「俺はテレビや新聞に出るためにやってるんじゃない」という雰囲気がある。言うなれば、持って生まれた闘争本能が、余計なことには気が回らない回路を形成しているのかもしれない。

自分のペースで、甲子園に行くための道筋を淡々と作っている。急に張り切ることもないし、ずーっと休んでしまうこともない。すべては、勝ちたいからだ。抑えるところは抑えるといった自覚があり、自分で調整できている。

大江が少しだけ気にするのは、市原からの評価だ。

他人を気にしない性格といえども、監督の言うことは絶対だ。市原もその部分に関しては、正直に「俺はおまえのことを信用してるから、おまえの好きにやっていいよ」というメッセージを送っている。

「好きにやっていいよ」と言えば、人によっては違う答えが返ってくることもある。

「今日も休みます」、「大事をとって明日も明後日も休みます」となれば、おまえなぁと呆れてくるが、大江に限ってはない。

市原は監督として、エースという立場上、無理してでも休んでもらいたいときもあるし、一方でここは頑張れというときもある。休んでほしいのは怪我してほしくないからであり、やってもらいたいのはやる気を示してもらいたいから。大江はその両方を満足させてくれるようにちゃんとやってくれる。基本、市原が「こうしてほしいなー」というイメージと、大江が行動するパターンはほぼ同じ。市原以上に勝ちたい気持ちを持っていることが大江の最大の武器。だいたいが選手より監督のほうが勝ちたい意識が強い場合が多い。しかし、選手が勝ちたいと強く思うのが勝負事において一番大切。

今の子どもたちは〝監督のために、親のために〟といった他人の思いを優先する傾向がある。それも確かに大切なことだが、最終的には自分が勝ちたいという強い欲求がないと勝負には勝てない。それが一番強いのが大江竜聖なのだ。

新チームは三口がキャプテン。とにかく責任感が強い。自分のエラーで負けるわけにはいかないという思いもあるのか、練習後もずっとひとりでノックを受けている。失敗したときの責任は人一倍に感じるところもあり、練習することによって克服していく。お手本にしてほしい選手に成長してくれた。

最終学年になっても、今村の目立ちたがり屋はやっぱり天性のものだった。一年夏くらいまでは控えめに一生懸命やっていたが、背番号一桁の正捕手でやるようになってからだんだん地が出始める。

「これはやっちゃダメだ」と市原が言っても、自分の気持ちが先に出てくるときがある。ベンチで「ダメだって言ったろ」とジェスチャーすると、ベンチのほうを見てふてくされた顔をする。隠しているつもりでも根が正直なのですぐ顔に出てしまう。その度に釘を刺すと、そのうち自分でも気付いてくる。最近は市原が「今村、違う！」とベンチから言わなくても、ベンチに戻って

から今村が自分から近づいてきて、

「すみませんでした」

「なんだよ？」

「また顔に出てたと思います」

「またかよ」

自覚があって直そうとはしているが、瞬間瞬間カッとなってしまう。

「おまえがカッカカッカなることで負けてしまうんだ。ピッチャーを苦しめるな」

市原はよく諭すが、そのカッカする部分を完全に潰したくはない。火事場の馬鹿力じゃないが、二〇一四年夏の大会決勝の帝京戦で、一年生ながら同点スリーランといった偉業をやってのけるのも、今村の闘争心があってこそだ。反面、その闘争心が災いしてリード面で強気一辺倒になってしまう。強気というより派手なことをやりたがるといったほうが正しい。

「そっちに行っていれば少なくともヒット止まりだし、一番打ち取りやすい。でもそこでインコースに行ってデッドボールになったら、おまえランナー溜まっちゃうよ」という場面なのに勝負に行きたがる。その代わり決まったときは「どうだ！」というリードになる。「どうだ！」みたいなリードは一試合に一回あればいいのに、毎回やりたがる。

例えば下級生の経験が浅いピッチャーだと、インコースギリギリに投げ切れなくてデッドボールになってランナーを出す。「思い切って投げろ！　向かってこい！」とマスクを取って檄を飛ばすんだが、「それは無理だろうよ、おまえが冷静にやれよ」と言いたくなる。

大江は今村の要求に応え、サインに対しほとんど首を振らない。高校一年の夏までは気が強い者同士でよくぶつかった。お互いの信頼関係がそんなに築けていなかったため、自分の意思を尊重しようと大江はよく首を振っていた。

今現在は、大江は今村を信頼して投げている。もし今村の悪い癖が出そうなときは、市原が大江を呼びつけ「おまえが考えて投げろ」と念を押して言う。

良くも悪くもそんな場面がやってきた。

二〇一五年秋季大会二回戦　二松学舎対早稲田実業。

高校三年の選抜で優勝しながら、最後の夏には出られなかった王貞治。高校一年から五季連続出場ながら、最後の夏にメッタ打ちを喰らった荒木大輔。決勝再試合で熱投し夏の甲子園で初優勝したハンカチ王子こと斎藤佑樹。甲子園のスターでありながら、どこか悲壮感が漂うイメージは早稲田実業の系譜なのか。

早稲田実業の高校一年の清宮幸太郎。

全国であれだけ注目され、結果が求められている中でホームランが打てるというのは無条件に凄い。大江は相手が注目されているほどギアが上がる。絶対抑えてやろうと闘志が湧く。

一年夏、二年春と二回甲子園を経験している大江は、常に高いレベルを求めている自覚もあってか、落ち着き払ったマウンドさばき。エースとはこうあるべきだという持論があるにはあるが、落ち着いて投げるという意識を持つ以外、野手のために安心させる投球、ポーカーフェイスでいるといった小難しいことはまったく考えていない。それよりも、強打者と対戦することによってエモーショナルスイッチが入り、ギアが一段階アップするほうがどれだけ楽しいことか。どんな試合でも、後半に入るといいバッターだと思い込ませてスイッチを入れているが、清宮の場合は対戦する度にスイッチを入れていた。

2回表の第一打席、清宮との初対決。

マサカリをかついだ金太郎のように、ノッシノッシとバットを肩に乗せ、威風堂々歩いてくる清宮幸太郎。この姿をむかつくかと質問されれば、むかつくと答えてみせるが、別にわざとやっているとかではなく、清宮にとってルーティンなのだから大江には関係ない。

それより、夏の甲子園で2本ホームランを打って大活躍したせいか、一年生にして風格が滲み出ているほうが脅威に思った。

バッターボックスに入って構える清宮を見て、どこに投げても打たれそうという超一流バッターが醸し出す雰囲気は別に感じない。活躍は認めるが、そんな飛び抜けて上手いというわけではないないという印象。大江は基本失投してもいいバッターと、しちゃいけないバッターを瞬時に分別する。清宮だけは、失投したら本当に打たれる感じがした。しかし、どう打ち取るのかだけを考え、失投さえしなければ抑えられると思った。

市原は清宮の攻め方に対し、徹底して外で行けとバッテリーに指示する。

しかし、ひとつだけ懸念があった。

放っておくと今村の悪いクセが出て、清宮の攻め方を変えるかもしれない。今村の性格上、アウトコースにずっと行っといて、最後にインコースにズバーッときて「ほら見ろ！」をやりたい衝動に駆られるはずだ。

念のため、大江には言っておいた。

「ホームランだけは打たれるなよ。外中心で行け。中はいい。もし中に行くんだったらインハイだぞ。ボールでいいからな。ストライクは絶対にダメだぞ。おまえが考えろよ」

もし今村からインコースの勝負球のサインを出されたら、ガーンと行かれる可能性がある。普段は今村のサイン通り投げる大江に、自身で考えて攻めることを植え付けたのだ。

清宮のバッターボックスに立つ位置を見ると、インコースからかなり離れており、執拗にインコースを攻められたせいで離れて立つようになったような気がする。あれだけ離れて立つと、インコースギリギリのストライクを投げても真ん中になってしまうため、いずれにしろインコースはボール球しか放れない。投げるのであればインハイのボール球。

左投げの大江の球を、左バッターの清宮が右中間方向へ打つのは難儀だ。気をつけなくてはいけないのが、変化球で甘く入ったときだ。

二打席目、カウント2ボール1ストライクからの四球目に投げたスライダーが甘く入り、バーンと身体を軸にして回すように右中間に持っていかれた。

大江と違って、今村が清宮を初めて間近で見た印象は、どんな球でも打てるオーラを纏った社会人に思えた。凄いとは聞いていたが、あそこまでどんな球でも打たれそうな感じがしたバッターは初めてだ。凄いというレベルを超え、高校生の中にひとり大人が交じっている。中学を出てまだ半年しか経ってない高校一年生がだ。

「ストライクゾーンで勝負したら、やられるな」

さすがの今村でも瞬時に察知する。

自分のルーティンを変えず、どっしりした重量感。バッターボックスに入った姿をマスク越しに見ると、「本当に一年生かよ!?」。騒がれるだけのことはある。前にポテンヒットで出塁し浮かない顔をする清宮を見たとき、バッターボックスに入った段階から自分の打球をイメージしているのだと推測する。ある意味、形が完全にできあがっている。

清宮が待っているのは甘く入ったインコース。選球眼がいいので低めの変化球は使えない。変化球が甘く入ったら持っていかれる。外の真っすぐで勝負しかない。変化球で勝負するバッターが多い中、逆にストレートで勝負しなきゃならないバッターを見たことがない。そう思った今村は元来の派手なリードを封印し、外を中心に慎重に攻めていった。

7回のタイムリーは、ボテボテがたまたまセンター前に抜けただけ。会心のヒットではない。投げ勝っている。市原は大江対清宮をベンチで見て、外中心の攻めは間違っていなかったと思った。外を狙われたらヒットは打たれるかもしれない。それでもシングルヒットだけで済む。

右ピッチャーが投げた外を狙ったら、逆方向に放り込むだけのパワーはある。現に、一球だけ外の球を打ってファウルになったが、ポール横のスタンドまで飛んでいった。

「あー、外を打ってもこんなに飛ぶのに、なんで反対方向を狙わないんだろう」

市原は特大ファウルを見て不思議に思った。やっぱり、自分のスイングでピューンと打つような完璧なバッティングをしたいのだろう。全打席理想のバッティングを追い求めるのは不可能なのに、それを求めながらヒットを打つのだからやはり大したものだ。

「清宮の前にランナーを出すな」という指示は、バッテリーが変に意識すると思って言わなかった。外にさえ投げておけば大怪我はしない。

一番気をつけたのは清宮へのフォアボール。別に出してもかまわないが、次の四番・金子が甲子園でも打っていたように非常に勝負強い。清宮に対しては打たれないというより大怪我しない攻めで、四番・金子には打たれない攻めを徹底させた。

大江は8回までに138球を投げており、少し足がつっていた。

9回、先頭打者で清宮の第四打席。大江はギアをMAXに上げた。

初球　外角ストレート　バックネット方向ファウル

二球目　スライダー　ボール

三球目　外角真ん中ストレート　バックネット方向ファウル

四球目　外角低めストレート　流してレフト方向ファウル

五球目　カーブ　ボール

六球目　外角高めストレート　ボール

七球目　外角低めストレート　バックネット方向ファウル

カウント3ボール2ストライク。ここで大江がワインドアップで投げる。

八球目　内角へのカーブをカット気味にファウル。

再びノーワイドアップ。
九球目　外角低めストレート　空振り
見事、渾身のストレートで清宮を三振に斬って仕留めた。
清宮を認め、意地を見せて100％の力で打ち取った大江竜聖。目指す場所はたったひとつしかない。

市原の指導方針は、細かいところをいちいち技術指導で矯正したりするものではない。

選手の持ち味を殺してはいけないし、指導法が合っているかどうかは自分で確認してくれと思っている。要は一番しっくりするかどうかがわかるのは自分だけ。言われるがままずっとやっていて「良くなったよ」と褒めてあげても、本人には上手くなった実感は得られない。監督の役目として少しでも実感させてあげること、そして即効性のアドバイスをしてあげること。

昭和の子どもたちは、大人に対してまだ信じているところが強く、「こうやってやれば必ずこうなるから」と言えば信じて根気よくやっていた。今の子たちは、結果が出ないと友だちに「あれやっても全然良くならないんだよな」と同調してモチベーションを下げる。ところが逆に「あ、本当だ！」と思えばやり続ける。だから即効性が必要なのだ。

例えば、上手く芯に当たらないときは「ボールをちゃんと見ろ」と言うのがセオリー。ボールに上手く当たらないということは、当てたい意識のほうが強く、タイミングを取ることを疎かにしてしまっているからだ。合わせることを重点に考えているため、一生懸命素振りしていても打つときになるとタイミング良く振れない。だから遠くへ飛ばない。

市原は、まずはタイミングを取らせることから始める。

「打たなくていいから、タイミングだけ取って空振りしろ!」

タイミングを取って空振りする練習をさせる。

「今のはタイミング合ってるか?」と確認してから「次はボールのギリギリ下を空振りしろ」と
ボールのギリギリ下を一生懸命空振りさせる。そうすると、たまにボールに当たってしまう。そ
のときだ。

「当てちゃダメだって言ってるだろ。おまえ、当てようと思って当たらなかったのに、今は当た
っちゃってるよな」

極めつけの言葉がこれ。

「ボールの真ん中、叩いていいよ」

ギリギリ下を空振りするより簡単に当たる。タイミング良く振っているから当たると飛ぶ。こ
の感覚を身につけさせればいい。

しかし、ちょっと打てるようになると、またズレが生じてくるが慌てる必要は全然ない。

「さっき言った理屈ってわかるよな?」

まずはタイミングを取らせて自分のスイングをさせ、次にはボールをよーく見させるためにボ
ールのギリギリ下を振らせる。

「ボールを打とうと思うと適当になるだろ。でもギリギリ下を振れって言ったら集中するだろう。

ギリギリ下を振るより、ボールの真ん中を叩くことだけを目指したほうが簡単に感じないか?」

そう言われると、ギリギリ下を振るより真ん中を打つほうが簡単そうに感じる。それを手取り足取り教えれば、確かに修正はできるかもしれないが、打てなくなったときに自分だけでは修正できない。でもさっきの理屈を理解していれば、打てなくなったときに空振りの練習をしてタイミングを取ることで、自分で修正が可能になる。

ピッチャーの場合でも同じだ。絶対に負けるピッチャーは、ストライクが取れないピッチャー。相手は立っているだけでいい。それこそ幼稚園の子どもにも負ける。まずはストライクを取ることが先決であり、あとよく言うのが、

「真っすぐでストライクが取れて、変化球でもストライクが取れたら、なんとかなる」

そのために、一にも二にもコントロールをつけさせる。

練習では、特に変化球を打つのを高校生は嫌う。だからバッティング練習では、ピッチャーには変化球ばかりを投げさせてコントロールを身につけさせる。バッターは変化球を打つ練習にもなる。一石二鳥である。一番いいのは、変化球だと全開でなくても長く投げられる。バッティングピッチャーも真っすぐより変化球を投げているほうが負担が軽いので、二人くらいで終われる。種明かしをすることで、選手がバッティングピッチャーをすすんでやるようになる。スライダーは肘に負担がかかったりするので投げさせず、基本は負担がないカーブ。

今の時代、カーブを投げられるピッチャーが少なく、みんなスライダーばかり。逆に本物のカーブを投げられるようになれば、武器にもなる。

変化球でコントロールがつかないピッチャーには、バント処理の練習をさせる。三塁側にバントして一塁へ投げるときにカーブで投げさせる。曲がり幅を予測するようになるからコントロールがついてくる。ブーメランを投げるのも同じ理論で、遠い距離で一塁までたどり着かせようと思ったら、曲がり具合を想像しながら投げる。距離が長くなればなるほど、予測しながら投げようとする。カーブがワンバウンドしてしまうのは、カーブを投げる軌道を想像しないで投げているから。軌道さえイメージできれば、手を放す位置が自ずとわかってくる。

例えで使うのは、三角形で置かれている10本のボウリングのピンを紙に書いて、カーブの軌道イメージを点線で引いておく。この点線の上に乗せればカーブはそこにいくというイメージを抱かせる。選手たちはうっすらだが、イメージが湧いてくる。

選手たちのレベルに合わせて噛み砕いて、なるほどと思わせる説得力のあるアドバイスをしてあげないと今の選手は喰いつかない。参考書に書いてあるような理論や理屈は、ネットを駆使すれば山ほど出てくる。彼らは知識を学びたいのではない。実感するものを欲しているのだ。

まだ未熟な子どもたちは「勝つことだけ教えてほしい」と結果だけを求めてくる。教えてもらうのは簡単だ。それをどう自分に生かし、何かにぶつかったとき常に自分を振り返り律することができるのか。それには心の成長が必要というところから広げて話していかなければならない。心の成長が必要なのかどうかもわからない子たちに、一から説明してもなかなか喰いついてこない。

「それが大切なのもよくわかるんですけど……」

彼らの中では〝今〟なのだ。だから、即効性があることが効果的と言える。

高校野球の楽しいところは、にっちもさっちもいかないような子をいかに理解させられるか。時には大きく化ける可能性だってある。

例えば、送りバントというサインひとつ取ってみても、バントすることが大事ではなくランナーを送ることが最大の目的。先の展開を読む力が養われないと勝負には勝てない。

買い物に例えると、ティッシュペーパーを頼まれたが売り切れだったとする。

「売り切れです」と帰ってくる子。時間をかけて何軒か探したんだけど見つからず手ぶらで帰ってくる子。時間をかけて遠くまで行って見つけて帰ってくる子。そして、「ティッシュペーパーは何に使うんだろう。何か汚れでも拭くのに使うのかな、じゃあトイレットペーパーで代用できる」と短時間で別の物を買ってくる子。頼み事ひとつによって、それぞれ返ってくる答えが違う。

バントも同じ。ここはセーフティバントのサインが出ているが、送ることが優先なのか、自分も生きることが優先なのか。2点差だと送っただけでは逆転できない。そうすると、自分も生きることを思えば、ラインぎりぎりを狙うことにもなる。

さっきはトイレットペーパーだからいいが、100万円銀行に預けてきてくれとなると、当然人を選ぶ。このことを市原は選手たちにわかりやすく説明する。

「俺がおまえにこれやっといてくれって頼んできた。でもおまえは忙しくて誰かに頼まなくちゃならない。でも監督の頼み事だ。おまえは人を選ぶよな。そうやって俺は選手を選んでいるんだ。

だから無責任な奴は選ばない」

このような話をして、誰からも認められる責任感のある人になってもらえと示唆する。

選ばれるにはきちんとした理由がある。要は技術や成果だけでなく、人を見ているということを伝えたい。そして、周りの人の思いを感じ、感謝する心を持つ。当たり前のことなんだが、人間はその当たり前なことがなかなかできない。だから口酸っぱく言い続けなくてはならない。

〝感謝〟は相手に伝えたいことを、言葉だけでなく行動にすることが大事。学校へ通わせてもらっている、野球をやらせてもらっている、すべて自分ひとりの力ではない。感謝の気持ちを何とかして形にして、ひとつの結果にすること。その形が何であるかがわかれば、自ずと今やるべきことがわかる。

ただ勝つのではなく勝ち続けるためには、心の在り方をどこに持っていくか。すぐさま大人になれと言っているのではない。十六から十八歳という心身ともに最も成長する時期だからこそ、普段の生活から厳しく見つめなくてはいけないのだ。

野球を通じて心を育てる。

それが二松学舎の野球であり、市原勝人の野球なのだ。

終章

解

帝京　前田三夫

どうしても確認しておきたかった。

帝京野球部監督の前田三夫。

前田のところへ行くことが、こんなに物々しい感じがするとは思わなかった。

〝鬼の前田〟、〝勝利至上主義〟〝ヒール〟……、人間の脳にイメージされたものはそう簡単に書き換えられるものではない。

幹線道路から少し奥まったところにある住宅街の中に、近隣に迷惑をかけぬようひっそりと佇む帝京高校の野球部専用グラウンド。真っさらな専用グラウンドの外野フェンスのドアを開け、恐る恐るグラウンドに足を踏み入れたとたん、黒土の匂いがむわ〜と鼻腔の奥に届く感じがする。むせないまでも靴底から灼熱感が伝わる黒土の匂いと感触がシグナルとなって、外部の侵入を妨ぐかのようにグラウンドの脇へ脇へと足を向かせる。

「こんちは！」

選手が一斉にこっちを向いて、外野フェンス沿いの校舎に木霊するほどの大声で挨拶。名門校にありがちな光景だ。

「こんにちは〜」

恐縮しているのを隠しながら、堂々と見せつつ挨拶を返す。

かつては九十メートル四方の狭いグラウンドを、野球部とサッカー部が共有していたが、二〇〇四年の移転に伴い野球部専用となったグラウンドは、内野は黒土、外野は人工芝、校舎が囲うように外野フェンスを覆い、完全に野球場だ。三度の全国制覇帝京野球部のサンクチュアリとして厳然な赴きを放つ。

「失礼致します」

監督室のドアを開けると、監督の前田が厳しい目を光らせながらグラウンドを見ている。鬼の前田がそこにいる。

「どうも、遠いところまでご足労を」

立ち上がって丁寧な挨拶を返すが、意識は窓の向こう側で練習をしている選手たちに向いている。練習中でありながらも取材を受けてくれたお礼を述べながら、こちらもスイッチを入れ、話を聞くことにした。

「僕は昭和四十七年から帝京高校の指導者になったんですが、その当時から二松学舎は強豪校でした。強さを表に出したチームだったですよ。当時は、早稲田実業、日大一高、修徳、日大三高、そして二松学舎もその中に入っていましたよ」

二松学舎についての取材ということもあって、前田は気を遣った口調で話す。

二松学舎とは一九九二、一九九八、二〇〇二、二〇一四年と過去四度決勝で対戦している。二松学舎からみれば、阪神タイガースのユニフォームをモチーフに作った縦縞のユニフォームは憎っくき相手。ライバルとは称せないほど歯が立たない最大の敵でもあった。

「二松学舎はいい選手が揃ってますから。青木さんのときから、やっぱり選手は揃ってるなっていう感じのチームでしたよ。その中で、運良くうちが勝ったような感じですね。決勝戦ともなれば、勝てば甲子園だってことで選手も色めき立って戦いました。とくに二〇一四年は、関東一高、修徳、成立学園と東には強豪チームがありますけど、その中でも二松学舎は非常に熱いものがありました。今年こそは、という意気込みを感じ取りました」

大工の棟梁的な職人気質の寡黙な風貌とは裏腹に温和に話してくれるが、四畳半程度の監督室にはピリピリとした緊張感が漲っている。鬼が放つオーラなのか。しかし、こちらが予想した以上のものではなかった。御年六十六歳。真っ黒に日焼けした顔には重厚な皺がいくつも刻まれており、寄る年波には勝てぬということか。

「二〇一四年の二松学舎は、一年生が入った分だけ勢いづいたものがありました。一年生っていうのは怖いもの知らずですからその辺は警戒しました」

前田にかつての一年生トリオのことを聞いてみた。

「いいですよね。大江君もいるし、そしてまたキャッチャーの今村君ね。セカンドの子も一年生だったはずですよね。三人ともいい働きをして、やっぱり上級生との溶け込みがありましたね。確かに一年生ですけども上手くチームに溶け込んで、その一年生が怖いもの知らずですから相手としてみれば要注意ですよ」

東京都高校野球界の二大巨頭である日大三高監督の小倉全由も、大江竜聖のことを手放しで絶賛する。

「昨秋は二松学舎の大江くんとは当たりたくないと思いました。もうあとはどこが来てもいいと思ってました。あの大江君のボールはちょっときついなぁ。ゲーム前に、大体自分が相手のピッチャー見て、これはまずいなと思ったらまず勝てない」

小倉はテレビでしか見ていないが、二〇一四年の帝京との決勝戦で「何で帝京は一年坊にそんなに抑えられるのか」程度でしか見ていなかった。しかし、二〇一四年の夏の甲子園、二〇一五年の選抜甲子園で見たときは、マークしなければいけないピッチャーになっていた。二〇一五年の春季大会準々決勝で、日大三高は二松学舎にコールドで勝っているが、秋は絶対に当たってはいけないピッチャーのひとりとして警戒する。

「大江くんはいいですよ。秋に対戦しましたが、くるくる回って当ったんねーぞっていう変な空振りとかはなかったんです。だから自分は二巡目からはいけると思ってたんですが、7回まではヒット1本。今回は力負けっていう形で大江くんにやられたなと思ってます」

二〇一四年秋季大会準決勝、二〇一五年秋季大会決勝で大江のいる二松学舎と当たっている関東一高監督の米澤貴光も、大江についてはベタ褒めだ。

「一年夏に見たときは厄介だな、ちょっととんでもない子が来たなと思いました。度胸が凄い。ボール自体も速いと思いましたし、二年、三年の夏にはどうなっちゃうんだろうって。細くてあの身長だったら故障するんじゃないかと思うんですけど、しっかり身体を作っていっている。確実にこの子とは付き合っていくしかないんだろうなっていう思いですよね」

一年夏から五季連続甲子園出場で、現評論家の荒木大輔にも大江について聞いてみると、

「秋の早実戦のピッチングが常時できるんであればいいですね。高校生といってもやっぱり波があるのでそのときだけなのかもしれないですが、あれくらい飛ばしていってもスタミナが持つのはいいんじゃないですか。ただちょっとまだ細い感じはしますが、身体の使い方がしっかりでき

てました。僕が東京都で見た中では大江君がナンバーワンです」

大江の潜在能力、完成度はプロ野球関係者の目から見ても本物だということが証明されている。ＭＡＸ１４８キロのストレートは右打者の胸元、足元に真っスラの回転で差し込んできて、おまけにコースの出し入れができる。普通の高校生ではまず打てない。あらためてピッチャー大江の能力が高いことを認識する。

荒木だからこそ言える、一年生の夏の起用法について独自の見解を尋ねてみる。

「いい素材なら試合に出なきゃダメだと思います。入ってきたばかりの一年生が高校生の身体を作ろうといきなりハードなトレーニングしたら、おそらく壊れると思います。というのは中学時代にそんなトレーニングを積んできてないからです。十五、六歳っていろんな技術を吸収して伸びる時期なので、どんどん試合に出ていろんなことを学んだほうが僕はいいと思いますよ。大阪桐蔭の西谷監督とお会いする機会があっていろいろな話をした中で、大阪桐蔭も最初はハードなトレーニングをしていたらしいんですが、怪我人が出たり、そこで成長が止まったりする子が続出したらしいです。最初から締め付けるとプレッシャーになって返ってくるんですよね」

二〇一五年、帝京で史上初の夏の一年生四番打者が誕生したことが話題になったが、前田は夏の一年生の起用についてどう考えているのだろうか。

「うちは一年生の夏から中村晃（現・ソフトバンク）や松本剛（現・北海道日本ハム）を使ってましたから。僕は二松学舎が甲子園に出るんだったら、やっぱり一年生を抜擢した戦法でないと壁は崩せない。いい狙いだなと思いました」

なんか詭弁にしか聞こえない。差し障りのないありきたりなことを言ってお茶を濁すのかと、内心焦った。ふと、椅子に座って足を組んでいる前田の太もも部分を見ると、ユニフォームが少しダボついているのがわかった。「老いは足から」といい、中年になると運動する機会が減るため足の筋力が弱り、太ももとふくらはぎの筋肉が衰える。前田の老いをあらためて感じた。とにかく、過去三回決勝で勝ってきた実績から二松学舎への戦い方など本音が知りたかった。

「試合なので与しやすいというのはありませんよね。どういう風に転がるかわかんない。何度戦っても緊張はしますよ。あと、戦いやすいというのを出すと逆にやられる。今まで先輩が勝ってきたという優越感は多少あるかもしれないですが、ただ代が替わってますからね。彼らが優越感を持ってて、それを出したら負けますよ。『先輩がやったことだからおまえらは関係ないんだから』とはっきりさせますよ。そうじゃないと戦えないですよ」

前田は過去のデータなど関係ないと断言する。当然、代が替わるため昔のデータなど意味はないが、相性の良し悪しはある。分が良ければ隙を見せるし、分が悪ければ変に緊張する。どう転んでも両方悪い。だから全部度外視してまっさらで戦わせないと選手は動かない。二松学舎との決勝の戦いは、常に緊張感を持って全力で戦っていたという。

〝鬼の前田〟と異名が付くのはいいとして、ヒール役となる決定的な事件があったのは確かだ。ネット社会がもはや一般化している中、掲示板や2ちゃんねるにはこんな書き込みがされていた。〈一九九五年選抜甲子園に出場し、一回戦伊都に0対1で敗れる。決勝点のきっかけとなった内野を精神的に追いつめ、結果退部。主将、捕手も同調して退部した。この三人は夏の予選のメンバー登録はされていたが一度もベンチ入りせず。甲子園に出た選手が夏の前に退部するのは前代未聞の出来事。結局、この大会は二年生主体で全国制覇したが、ダーティーなイメージはぬぐい去れなかった。決勝戦帝京対星綾終了後の閉会式で帝京の主将が優勝旗を受け取るとき、バックネット裏から「こんなチームに優勝させたらダメだ!!」というオヤジの絶叫があった。〉

〈帝京は選手を使い捨てにします。秋の大会にレギュラーで出ていた選手（二年生）が、翌年の夏にはベンチに入っていないというのがざらにあります。今年のように二年生中心のチームになるのはこのため〉

〈平成三年の選抜時のエース松岡も甲子園で二試合連続でKOされ、夏はアルプスで太鼓係。マスコミは美談にしていたが、実際はどうだったのか?〉

これらを見る限り、前田の指導方法が完全におかしい論調だ。ネットの書き込みだから、九割嘘とみても、右記のようなコメントがいくつも検索されたのでどうしても真相を聞かずにはいられなかった。

「やっぱり野球が好きですよ。僕は野球が下手くそだった。下手くそな子でもステージに上らせてあげたいんですよ。下手くそな子でもプラスアルファになるんです。そこにチームの強さがある。下手くそな子が打つとチームが上がっていきます。だからそういう子も必要なんです。いい選手だけでは強くはならない。いい選手はある程度の守備位置につくんだけど、技術的に持ってない子にもチャンスをあげてやるんですよ」

前田自身、高校時代は木更津中央（現・木更津総合）で活躍したが、帝京大学では一度も公式戦に出たことがない万年補欠。下積みが長かっただけに、レギュラーへの憧れは人一倍あった。

「自信のない子はチャンスをものにできず落ちていく。そこでほったらかしにするのではなく『頑張れよ。俺だって補欠だった。補欠でもまた上がってきたらいいじゃないか』。要するにめそめそするなっていう声をかけたりします。人を育てるということは忍耐力が必要で、上手い子だけで強いチームを作るわけじゃないんですよ。下手くそな子が頑張る活力こそチームに生きるんです。だからサードコーチャーやファーストコーチャーはほとんど下手くそな子を入れてやるんです。『おまえのポジションはここだから頑張れよ』とね。逆に選抜でレギュラーだったのが、夏はベンチにも入れないのもいます。特に子どもですから、やっぱり慢心しちゃうんですね。昔は百人から百数十人いましたから、慢心した子が動かなくなるとチーム全体が壊れる。だからあえて外します。外すとチームに緊張感が出るし、その子にも出る。でも『俺はもう甲子園出たんだからいいや』って満足しちゃうのもいます。そういう選手をチームの一員としてステージに上げるわけにはいかない。ただ野球の中でいろいろな指導はしていかなくちゃいけないですけど」

どんなに才能があろうと、プロ注目だろうと、慢心した者は容赦なく外す。勝負事で緊張感を失えば、それはただの遊びだ。慢心を放っておくと、それが蔓延し、やがては怠惰になり崩壊する。そうならないためにも、メンバーから外し再び緊張感を促す。そして、素質がある者ほど上から厳しく叩く。どうしても素質がある者は自分が上手いことを自覚しているので積極性がなく、受け身になってしまう。そういう選手をいの一番に厳しく接し積極性を引き出すことで、ひいてはチーム全体も引っ張られる形となる。

「（一九九五年選抜甲子園一回戦）伊都に0対1で負けてね。内野の子がなんかエライ事件を起こしたみたいだけど……、あの子はもう出てこなくなっちゃったんですよ」

二〇一二年九月下旬、ある刑事事件で三人が逮捕。そのうちのひとりが元甲子園球児という報道がなされた。

「彼は『俺は甲子園出たからもういい』とね……」

前田はほんの一瞬寂しげな顔を見せるが、すぐに厳格な顔に戻る。

「平成に入った頃、中学が荒れてきました。今までは先生が活を入れてげんこつを喰らわせてきたところ、マスコミを中心に暴力はダメだという風潮になり、生徒が自由にやりたい放題となって、ずいぶん荒れた地域があったんですよ。一九八九年（平成元年）に夏の甲子園で初優勝し、一九九二年に春の選抜優勝した年あたりから生徒の気質が変わってきました。もう野球少年が少なくなりましたね。それと同時に野球部には毅然としていた者しかいなかったのが、ものすごくゆるい子が入ってくるようになったんです。中学校のせいにするわけじゃないですけど、その頃は荒れていたため『やっぱり学校教育も変化してるんだなぁ』って感じだったですね。一九九四年の秋の大会で準優勝して選抜を決めたんですけど、その代が、自分たちは準優勝して甲子園を決めたから休みがほしいと言ってきたんです」

帝京の監督に就任して以来四十四年間、前田が「休め」と言ったことはあるが、「休みをくれ」と言われたのは初めてだった。

「気質が変わったにせよ、これは大変だなぁと思いながらも戸惑いはありました。選抜に行って、内野の子がもう甲子園に出たのは自分のおかげだと過信し……。男女共学ですから、女子生徒が校門で待ってたりして、僕は何回も家へ訪問して〝手を切りなさい〟、〝野球をやりなさい〟と親御さんともども話をしたけど、野球部に戻ってこない。その学年だけが特別じゃないんだけども、できるだけ部員を入れてやったので部員数もかなり多かったんです。もう東京ですから、私服を持ってきて隠している。野球の練習が終わると私服に着替えて帰ったりする」

他の部活が全国大会に出場するのと野球部が甲子園に出るのとでは、注目度からなにからまったく意味合いが違う。甲子園に出たレギュラーは学校内ではもうヒーロー扱い。いつの時代でも、ミーハーな女子生徒はすぐに野球部のレギュラークラスに目をつけて群がる。アイドル、ロックバンドのグルーピーと一緒だ。

「夜遅くまで練習したって記事とかに書いてあったでしょう？　もう危なくて帰せられません。夜遅くまで練習させることで早い時間帯には帰さなかった。また力のない子が先輩の使いっ走りにされてね。今、石川で教員やってる子がいるんですけど、彼が僕にそういうことを言ってきてくれました。えぇーと驚きましたね。だから二十三時まで練習をさせて家に帰さなかった」

要は、練習漬けにして帰らせないことで、遊ばせる機会を与えなかった。そのまま帰していたら、隠してある私服を着て池袋あたりで遊びふらつき間違いなく問題に発展していたという。

「僕がガンガン締めますから〝練習がきつい〟だとか〝夜遅くまで練習やってる〟とか言って、内野の子とキャプテンともうひとりが退部届けを出した。時代の変わり目です。もうずっと家庭訪問して戻ってくると思いましたが、戻りませんでした」

子どもの頃からの夢である甲子園に出たことで勘違いし、やがて慢心が生まれ、野球以外のことに興味が注がれる。練習よりも遊びのほうが楽しくなり、せっかくの才能を無駄にし、一度しかない青春を無駄に過ごす。目標を達成したことにより部活の練習よりもみんなと遊ぶ刹那的な楽しさが快楽となり溺れていく。誰だって楽しいことを毎日やって過ごしたいと思う。だがそんな生活は必ず破綻がくる。

「それで残った子たちが辞めていった子の使いっ走り、いじめられっ子。その子たちが残ってくれたんだから勝たせてやりたかった。それが僕の本当の理由です。みなさんは勝利至上主義と言うけど、勝つ中で教育論がなかったら絶対に勝てません。いい選手ばっかりで勝とう、勝とうで勝てるわけがない。教育論をしっかり叩きこんでいかないとチームは作れません。勝利至上主義とよく言われましたけど、それをとったら何になるんだよって。スポーツの中に教育の場を入れなきゃいけない」

良い選手を集めただけでは勝ち続けることはできない。たとえプラスアルファにならなくても、ポーンと何かを入れてやらないとチームは引き立たない。第三者から見れば、強いチームというのは良い選手がいる。確かに良い選手がいれば良いチームを作りやすいが、決してそれだけではない。技術的に劣っていても、チームの縁の下の力持ち的存在の選手や地道に努力する選手がいることが、チームにとってプラスの方向に働いていく。みんなが団結して気持ちを熱くさせることこそが、勝利の手綱を引き寄せる一番のファクター。熱くさせるのは、野球が上手い奴だけとは限らないのだ。

一九九五年の帝京は、高校野球史の中でも稀代の悪役だった。

夏の東東京都大会で、帝京は悪のレッテルを張られる事件を起こす。

東東京大会四回戦、帝京対都立八丈戦。6回表帝京の攻撃。スコアは10対1と帝京が大きくリード。ノーアウト三塁から外野に大飛球が上がりランナーはタッチアップを試みるが、ベンチの指示により突如帰塁。1アウト一、三塁でレフト前ヒット。今度こそ10点差になると思ったところでランナーはピクリとも動かない。その後、二人の打者ともにボール球を空振りし三振に倒れた。

スタンドがどよめき、「バカヤロー」「まじめにやれ」の野次の嵐。帝京は次の回から温存した主戦投手を投げさせるため、10点差の6回コールドになるのを避けようと、高校野球であるまじき前代未聞の処置をとった。すぐさま大会本部に批判の電話が殺到した。

この件についても聞いてみた。

「都立八丈戦は、あれはダメですよ」

前田は申し訳なさそうな顔をして自分を戒めた。

「私がダメです。本家というサイドハンドのピッチャーがもっと早めに投げる予定だったんですが、肘が痛いって言うので鎮痛剤を飲んでから投げさせようとしたんです。だから点は取ってもらったら困るなぁと。それでわざと三振。ポーンと当たったら野手の間を抜けちゃったりして……。ここから勝利至上主義っていうものの言われ方をしたということは、やっぱり責任者の問題ですよ。これはダメですよ。もうこれは相手に失礼です。反省すべきところは反省しなきゃダメです」

ルール上問題ないとはいえ、道義的に許されるわけがなく、おまけに離島の都立高校だったことも判官贔屓を買った。次のイニングに調整登板させるためにランナーはタッチアップしない、ヒットでもホームに還らない、無得点でチェンジにするための意図的な三振。勝ち進むために先を見据えた作戦だったかもしれないが、正々堂々をモットーとする高校野球において絶対にやってはならない行為だった。

「翌日に謝りました。僕は八丈島に行こうと思いました。大変失礼なことをしたので八丈島まで行って直接謝りたかったんです。都立八丈の校長先生と話し、そこまではということになりました。選手にはあとで話しました。やっちゃいけないことをやったんだから謝るのが人の筋だと」

前田がすぐ謝罪をしたことで都立八丈側は収まったが、清廉さを求める高校野球ファンは許してくれない。勝ち進んで甲子園に出場したものの、帝京はアルプスの応援団以外の観客からは完全に悪役扱い。スタンドからのヤジも痛烈だった。

事はこれだけでは済まない。

一九九五年夏の甲子園二回戦帝京対日南学園で、10回裏1アウト一、二塁で帝京がスクイズし、ホームクロスプレーで一触即発の場面。球場内は一時騒然となる。

二〇一六年一月上旬にプロ・アマ合同の野球規則委員会で、公認野球規則に本塁での危険な衝突プレーを防ぐため、走者の捕手へのタックルや捕手によるブロックを禁じることが正式決定したが、まだルール改正がない時代での出来事。

「あのホームの激突はわざとやったわけじゃありません。そんな練習もしてないですし。向こうのキャッチャーが倒れたんですけど……、実は見えない接触プレーでうちの選手が蹴飛ばされたりして……、そういうのはあっちゃいけないんだけどね。僕は見てましたけど、『手を出すなよ』と釘を刺しました。悪いときは重なるもので、うちだけが一方的に悪く言われました」

このプレーでさらに〝悪〟のイメージが付いてしまった帝京は、塁上での普通の接触プレーでも審判にラフプレーと判定されるなど〝帝京はダーティーな野球をする〟という印象を関係者一同に与えてしまった。

「選抜で伊都に負けて、主力選手が辞めて、他の選手は遊び出して……これはいかんということで練習を遅くまでやってね。とにかく残った連中を勝たせなきゃいかんと思ったところに僕のせいで都立八丈の試合を引き起こしてしまった。バッテリーは二年生しかいなかったが、それでもなんとか勝たせて甲子園に行ったが、日南学園の激突事件があって周囲からはいろいろ言われました。白い目で見られている選手たちを集めて『俺が全部引き受けるし、全部被るからおまえたちは気にせず頑張れ』と。大変でした。〝水明荘〟という宿舎で選手たちを寝かせたあと、窓の向こうに流れている川を見ながら『明日はどういう風に動こうかなぁ』と毎晩、考えてました。とにかく俺が頑張らなかったら、あいつら死んじゃうよと思いながら戦っていた気がします」

前田は一切弁明をせず、あえてヒール役を受け入れた。

実際、帝京対日南学園戦のビデオを見直すと、2回裏帝京の攻撃、2アウト二塁からサードゴロを処理した日南学園の三塁手が走塁線上にいたため、二塁走者が三塁手に突っ込んで激突。また10回表日南学園攻撃、1アウト二、三塁でショートゴロからバックホームでランナーとキャッチャーが激突するなど、随所にラフプレーと取られかねないプレーが見られたのは確かだ。

ただ、選手たちは一生懸命やっているだけなのに、帝京のイメージが悪いばかりにダーティーに見られる。帝京応援団以外からは白い目で見られているのに、選手たちは健気に頑張っている。選手たちを守るためにも、誰かが壁になってやらなくてはと前田は思ったのだ。

そんな衆目の中で戦った帝京は、接戦続きを乗り切り決勝進出。相手は石川県代表の星稜。観客、審判も含め星稜寄りの中で帝京は3対1で三度目の甲子園制覇を達成。慣例として甲子園優勝監督が高校全日本の監督を務めるものだが、「世間を騒がせた」という理由で前田は辞退し、代わりに星稜の山下智茂監督（現・名誉監督）が全日本の監督となった。

この年の帝京野球は、勝負へのこだわりから暴走してしまったという向きがある。その暴走は勝ちにこだわる執念を持つ前田が引き起こしたものとして、帝京をダーティーなイメージに作り上げた張本人というレッテルを貼られてしまった。

選抜甲子園が終わり、野球部特有の上下関係、風紀の乱れといったもろもろの問題が重なり三人の主力選手が離脱。残ったメンバーは三年生からクソミソにやられていた二年生。教育云々より、まず彼らを勝たせてあげたいと思うのは、子を持つ親の情というもの。手段の是非はともかく、勝つことで彼らに希望を持たせ、そこから教育を始めようとした前田の信念を誰も否定することはできない。

三度目の優勝をしたが、時代は新世紀に向かって猛スピードで変化し続けていた。

教育改革がなされ、一九九二年九月から第二土曜日が休日、さらに一九九五年四月から第四土曜日も休日にするなど、文部科学省が推奨する〝ゆとり教育〟が本格的に実施。一九六〇～七〇年代の教育現場における極度の詰め込み教育、加熱した受験戦争による偏差値偏重主義のカリキュラム問題等を教訓として生まれたのが〝ゆとり教育〟。

ゆとりある教育を目指そうということで、体育会特有の鉄拳制裁は時代錯誤として処罰の対象とされ、生徒の人間性を熟成させるためにも〝自主性〟を促す教育が施された。

〝ゆとり教育〟を国策として施行したはいいが、完全週休二日制やクラブ活動の推奨により学習以外で人間形成の機会を与えようとした結果、どうなったか。学業に対しての意識が著しく欠落したという本末転倒の結末になった。笑うに笑えない話だ。

「一九九六年に森本稀哲（元・北海道日本ハム）といった選手たちが入ってきて、僕がやっている野球は昔の野球だ、今はそんな時代じゃないと言われたりして、その後、〝自主性〟というのが出てきた。『うちは自主性を重んじてるから』って各校の監督さんが言うようになりましたね。〝自主性〟ってものは何だろうかなと思い、一九九五年に全国優勝したあと、森本稀哲たちが入ってきて彼がキャプテンになったので、うちも〝自主性〟を取り入れてやらせてみようってことになりました」

一九八九年（平成元年）の初優勝時、前田は甲子園で一回もミーティングなど行っていない。甲子園開幕前、宿舎でミーティングをやろうと大部屋に行ってみると、キャプテンを中心に選手たちが先にミーティングを始めていた。それを襖越しに見ていると、前田が言おうとしていることをキャプテンが全部言い、「これは大丈夫だな」と彼らに一任したのだ。

「うちはとっくに自主性でやっているよって頭がありました。でも一九九八年頃の選手は、自分たちで練習メニューを組んで自主的に動くというような感覚だったので、うちもやらせてみようとなったんです。『森本、おまえがメニュー組んでやれ』と。そしたら甲子園に出ちゃった。監督としてみればこんな楽なことはないですよ。ああこんなやり方があったのか！　ってね」

一九九八年といえば松坂世代であり、奇しくも夏の東東京都大会の決勝は帝京対二松学舎だった。前田はこの年を境にチームの在り方を考え、市原はこの年の決勝戦後に目指す野球を変えるなど、一九九八年という年はいろいろな意味でターニングポイントだった。

「甲子園でも動きませんでした。一回戦が日大長崎に4対1で勝って、二回戦が和田（毅　現・ソフトバンク）のいる浜田高校に逆転負けです。そこで、今までしたことがない経験をしました。普通だったら負けたあとに選手たちは悔しがって涙をこぼす。それが全然こぼさない。清々しい顔をしている。『これもね、最近の子かな』って見てた。それで宿舎に帰ったら、応援の子たちと控えの子、レギュラーの子が『終わったぞ！』って喜んで抱きついているんです。もうがっかりしたね。学校から全校応援が来てみんなは悲しんで帰ってるわけですよ。そういうこと考えないのかなあってね……」

高校三年の夏といえば高校野球最後の夏。最後まで笑っていられるのはたった一校のみ。甲子園で負けようと地方予選一回戦で負けようと、悔しさの重さは一緒だ。それが、涙ひとつも見せずに、悔しさよりも開放感に浸った嬉しさのほうが勝る。人は辛いこと、悔しいことがあるから強くなれる。強くなるから勇気が出る。その悔しい感情を失ってしまったら、人はどうやって困難を乗り越えていくのか。

「実は、浜田高校のときかな、その前の長崎日大のときもそう。あまりにも自主性と言うもんだから、甲子園大会のときあえて選手を宿舎から出さずに缶詰めにした。先輩からタバコを買ってきてくれと言われて写真に撮られたりした事件もあったので、宿舎から出さなかった。そしたら他の高校の選手は気軽にコンビニに行ってるんですよ。だから試合直前にはいいだろうってことで出したんです。負けた晩に、朝日新聞の記者と二人でごはんを食べて反省会したんです。そしたらその記者が、試合前に甲子園の前にあるダイエーの屋上にあるゲームセンターで、うちの生徒が試合当日遊んでいたって言うんです」

前田は、自分の知らないところでそのような事実があったことを知らされ、ショックを受けた。前田はいい機会だと思い、その記者にこのいきさつを記事にしてほしいと頼んだ。自主性を尊重せよという風潮だが、一歩間違えたらとんでもないことになるのを訴えたかったのだ。

「僕はこの件をいろんな人に話しました。今までの指導の中に行きすぎもあったかもしれない。でも、この件を見れば指導者がしっかりしなきゃダメだということがわかる。僕自身がスパルタ教育でやってきて、今度は自主性で、そのうち〝ゆとり〟というのが出てきて……教育現場はどんどん変革化され、高校野球もどんどん変わっていく。本当にわからなくなりました。そこでアメリカに飛んだんです。野球の発祥地はアメリカなので原点に行けば何か得られるかなぁと思いまして」

一九九八年秋季大会初戦敗退。迷いの中で勝てるわけがない。すぐにアメリカへ飛んだ。

ニューヨーク・ヤンキース対サンディエゴ・パドレスのワールドシリーズを観に行った。辞書片手にロサンゼルスからプロペラ機でサンディエゴに行った。

「どこかに連れてかれちゃうんじゃないかと思いながら必死に球場まで行きました。メジャーの最高峰の試合を見れば何かわかるんじゃないかなと。そのときに目にしたのが、サンディエゴ・パドレス四連敗ですよ。点を取られてパドレスの選手がベンチに帰ってくると、サンディエゴのスタジアムのファンが総立ち。点を取れなくてパドレスの選手がポジションにつけばスタンディングオベーション。僕はそれ見たとき、ああこれだなって思った。うちがやらなきゃいけないのはこれだと実感しました」

アメリカ人のメジャーリーガーへの賞賛は、日本人では想像できないほど惜しみないものがある。敵味方関係なく良いプレーをすればスタンディングオベーションで拍手し、不甲斐ないプレーをすればブーイング。ましてワールドシリーズに出ているメジャーリーガーなら、敬愛どころか崇拝される。すべては、ベースボールを愛するという基本理念から成り立っている。

「帰ってきて選手に話しました。『試合中に野次を飛ばすのはよそう。相手がファウルを打って置いたバットを縦縞のユニフォームで拭いてやれ。相手が接触プレーで転んでいたらタイムをかけて起こしてやれ。そういう野球をやろう。さすがだなっていうところまで帝京は強くなろう』とね。違った帝京の野球をやらなきゃいけない。周りの人たちがやっぱり期待してると思う。だから、僕はそのように変えていった。帝京の野球部はもう強いだけじゃダメ。周りからも愛される、応援されるようなチームを作っていこうと選手たちに言いました」

柔和だった顔つきが、自戒を込めるように厳しくなった。この前田自身の変革によって帝京野球部は確実に変わっていき、他の高校にも影響を与える存在となる。

一九九〇年代は帝京、二〇〇〇年代になると日大三高が高校野球界の頂点に君臨する。

日大三高監督の小倉全由は、一九九七年に就任してから今年で監督歴二十年目。夏十一回、春七回甲子園出場。夏に限っていえば、一九九八年ベスト8、二〇〇〇年五回戦以外はすべてベスト4以上、うち決勝は十度行って一度しか負けていない。誰が見ても常勝軍団。二松学舎とは真逆だ。小倉は言う。

「二〇〇六年の早稲田実業の斎藤佑樹に負けてから、三年連続甲子園に出れなかったんですよね。翌年、準決勝で創価にコールドで負け、その翌々年、準決勝で日野とやって負け。ベスト4が壁なのかなっとそのときに思ったんですよね。十九年間監督をやっていて、十五年連続ベスト4以上で、そのうちベスト4で負けたのが五回。自分の意識の中ではそっちのほうが強い。なんでベスト4まで行ってるのに勝てないのかなって思います」

準決勝、決勝において監督の役割は、選手にどれだけ勢いをつけさせられるか。

「自分なんかは、選手にはこう言ってやりますよ。『決勝に来たって勝てないチームなんか怖くねーよ。こっちは決勝でどんだけ勝ってると思ってるんだ』って」

二〇一三年夏の西東京都大会決勝は、名門日大三高対都立日野。二〇〇三年決勝二松学舎対雪谷と同じような立ち位置で、マスコミはもちろん球場全体も都立日野を後押しするような雰囲気だった。しかし日大三高は初回に1点を取り3回に3点を追加、結局、5対0の快勝で甲子園を決めた。勝ち切る強さ。まさに歴史を築いてきた、これこそ名門日大三高である。

二〇一〇年代に入ってから、関東一高が台頭してきた。その関東一高の監督の米澤貴光にとって大いに影響を受けたのが、帝京だという。米澤の監督人生のターニングポイントとなった試合とは、二〇〇七年夏の東東京都大会準決勝帝京対関東一高。

「実は前年の二〇〇六年四回戦で、二松学舎さんに前半7対1とリードしておきながらひっくり返されて、8対9で負けたのもひとつのポイントでした。でも、なによりも二〇〇七年夏の準決勝の帝京戦。1対7のまま7回に大雨で中断してそのまま降雨コールド負けとなり、最後までできなかったっていうのが、大きなポイントになりました。そのときの帝京さんの姿勢に驚かされました。前々から帝京の選手たちと神宮の室内や球場で会ってもしっかりしてるイメージはあったんですが、大雨でコールドとなったときに帝京さんのベンチを見ると、最後までやりたかったような雰囲気を出しており、誰ひとりガッツポーズをする選手がいないんです。もし逆だったら、完全に〝やった!〟ってガッツポーズするようなチームでした。これはもう相当に差があるな、だから勝つんだろうなと思い、この差が埋まらない限りは勝てないと感じました」

米澤は、選手たちに礼儀礼節を厳しく教えてこなかったことを、指導者として甘さがあったと実感した。帝京のスタイルをモチーフにしながら勝負に徹したおかげで、二〇〇七年以降、関東一高は夏三回、春三回甲子園に出場し、甲子園でも安定した成績を残している。

二松学舎OBで日大監督の仲村恒一も関東一高に対し、「野球がガラッと変わりました。今まではひとりの能力のある選手がドーンという感じだったのが、組織として野球をやり出しています」と言うように、選手を良い意味でコマとして動かし、ゲームを組み立てて勝ちに結びつけている。今や東京都では、二松学舎と双璧の強豪チームとして関東一高が君臨している。

前田は、春夏甲子園に通算二十六回も行き三度の全国制覇を成し遂げた。勝つためにそれこそ手あたり次第にやっていれば憎きチームと揶揄され、矢面に立つことだってある。でも、これはプロ野球ではない。学生野球という大看板がある以上、日々バージョンアップしながら指導者が選手をいい方向に導いていかなくてはならない。

一九九八年、前田はゼロからの出発を誓い、時代に合わせて違った野球を作っていくためにも、頑固一徹な部分と柔軟な部分を上手く取り入れていくことを念頭に置き、指導し始めた。

「正直、僕自身が頑固一徹にならざるを得なかった。昭和四十七年に入ったとき、日大三高、日大一高、早稲田実業、日体荏原、名門がいっぱいある中、グラウンドもない。ましてやOBではなく外様なんですから、『付いてこい！』と親分が先頭切ってやらないと強くならないよ。帝京野球部の歴史の中で正すところは正して、良いものは残して一歩一歩前に踏み出していかなきゃダメ。帝京の野球部はこうだっていうのはずーっと続くわけじゃない。そんな頑固さはいらないと僕はそう思う」

日大三高が「原石を磨く野球」、関東一高が「己の野球」、早稲田実業が「稲穂野球」、修徳が「心の野球」、二松学舎が「マナーの野球」というのであれば、帝京は「野生児」。前田は、いい意味で品のある〝野生児〟になってもらいたいと願う。

「なんにも格好つけることないと思う。周りが評価することであって、評価を得たいがためにかっこつけたりとかしちゃいけない。四十年もやってればいろいろあります。ただやっぱり野球部を潰すわけにいかない。僕自身は慎重ですよ」

前田の歴史は、いわば帝京の歴史でもある。だからこそ責任感もあるし使命感もある。ここまでよくやってきたからと自分ひとりで終わりにできない。

当たり前だが、二松学舎市原にとって帝京前田は反目するほどのライバル校の監督ではなく、日大三高の小倉と同様に、東京都の高校野球界を引っ張ってきた名将という位置づけで、敬意を表している。特に前田からは勝負に徹する姿、どんな試合でも手を抜かない姿勢から学んだものは多いと話す。

「そんなに人に教えられるものはないと思うんだけど、全力でやるというのが礼儀だしね。都立八丈では私的な部分だけで戦い、失礼極まりなく迷惑をかけました。全力でやらなきゃいけないと思っています」

都立八丈の試合が教訓となって、儒学の言葉〝獅子搏兎（どんな相手でも全力を持って倒しに行く）〟をモットーに試合に臨んでいる。

同じ地区のライバル校の監督のことを、あからさまに言うことはできないとわかった上で、市原についてどう思っているか聞いてみた。

――監督としての采配だったり、勝負に対してだったり、ちょっと甘いかなと思う部分ってあるんでしょうか？

「いやいや、彼は……ベンチの中で動きがあまりないよね」

少し奥歯に物が挟まった感じで歯切れが悪い。懸命に言葉を選んでいる感じが如実にわかった。

「動きはないけれども、選手を上手く動かしてる。自分は動かないけれども。ベンチの中での雰囲気がいいですよ。ということはやっぱり彼の指導が行き届いてきてるんじゃないかな。僕は座らない。選手は試合でどこを見るかって言ったら、親を見るんですよ。親。だから野球部の中で親は僕なんです。相手があることだから選手は絶対に不安だと思う。特に甲子園ではわかりやすい一番端にいる。最初、甲子園に行ったときは真ん中にいたんですが、選手がキョロキョロ探してたからね。選手っていうのは甲子園に出て『さあやろう！』じゃなく、まず不安が先に出る。だったらもうわかりやすいように端に立ってね。親が毅然とした態度をとるために、僕はガッと胸をわざと出してるんです」

続けざまに聞いてみた。

――二松学舎は、なぜここ一番で勝てなかったんでしょう？

「なんだろうな……」

――監督からご覧になっても力量はある？

「ある」

――常にトップの位置までは来るが勝ち切れないのは、詰めが甘いんでしょうか？

「あのね、やっぱり負けが続くと不安が出るんでしょう。選手の不安も時々は見えたよ。やっぱり、そこに自滅があるんですよ。『ああ、これはやっぱり不安だな』って思うことがすでに負けてるっていうのがあるのかな」

――負けの呪縛に囚われているようなことですか？

「うーん。やっぱり執拗に追ってこないですね。うちが先取点取ったりしてから、追ってこない。どこか諦めるのが早かったりとか、追ってこない。そういうのはあるよね。向こうが先取点取ってもやっぱりひっくり返されるんじゃないかとか、そういう思いが出るんじゃないかな」

ちょっと言葉を濁しながら、前田は今まで二松学舎と対戦した状況を鑑みて話をしている。下衆な週刊誌なら面白おかしく書けるような含みを持った発言に聞こえた。

でもよくよく思えば、前田だからこその発言だと感じた。市原の苦労を見ているからだ。二〇〇二から二〇〇四年の三年連続決勝敗退など勝てない頃をよく知っている。前田自身も一九七二年に帝京の監督に就任して、勝てない時代が続いた。帝京ＯＢでないため周りからいろいろと言われたりもしたが、自分の信念を貫いてやってきた。

市原にとって、前田との間で忘れられない出来事がある。

「一九九八年に初めて決勝に行ったときのことです。僕もまだ若くて三十二、三くらいですかね。相手は帝京で、負けて選手と一緒に僕もベンチで泣いてたんですよね。そしたら前田さんがすーっと来て『うちのほうのベンチが空いてるから』って言ってくれたんです。気遣いができる方です。その後、球場を出たら帝京のバスはもうありませんでした。そのとき僕が勝手に想像したのは、前田さんもたくさんたくさん負けてきた。最後まで優勝チームが残ってドンチャン騒ぎしていたら負けたチームの居場所がない。『勝ったチームはこのあとがあるので、神宮球場の雰囲気を最後まで味わうのは負けたおまえたちだから。俺たち先に帰るからな』って言ってくれているような気がして、『あー前田さんって優しいなー』って思いましたよ」

前田は就任直後、急に厳しい練習をしたものだから、部員が四人しか残らなかった。試合用のユニフォームやニューボールなどすべて自腹。夏の大会前には、選手を自宅に泊まらせて三度三度の飯を用意しての合宿。暇を見つけては自転車で各中学校を回って「有望な選手がいましたら、ぜひ帝京を受けさせてもらえませんでしょうか」と頭を下げた。

一九七八年の選抜甲子園に出るまで、六年の歳月がかかった。涙ぐましい苦労をしている前田だからこそ、負けた側の気持ちも人一倍わかる。

「ずんぶん前ですけど、神宮球場で帝京の試合を観終わってから神宮の喫煙所でタバコを吸っていると、前田さんがとっとと走ってきたんです。『前田さん、どうしたら勝てるんですかね？』って聞くと、『いっぱい負けることだよ』って返すんです。そのときに、かっこいいーって思いましたね」

市原は前田をリスペクトし、指導法も認めている。よく市原に足りないのは〝非情〟的な部分だと言われている。前田と同じにしろとは言われないまでも、勝負において選手の見切りも必要ではないかと間接的に指摘されることもある。

市原は、そんなことは重々わかっている。

他の分野の指導者たちがよく言うのが、『選手を信頼してもいいが、信用はするな』。指導者は、選手と深い信頼関係を築いても信用をしてはいけない。絶対に人間はミスをする生き物。信用し切っているとミスや問題が起きてからの対応が遅れてしまうからだ。当然、市原も理解している。でも、そうはいっても人間だ。人間同士、信用してこそ本当の絆が生まれる。

市原の理想は、選手を信用しどんな局面でも打開できる一個人になってほしい。勝つ野球を目指して頂点を狙いつつ選手をも成長させていく。いわば、究極の指導形態を目指しているようにしか思えない。誰になんと言われようと、市原の思いは揺るがない。そこの頑固さは前田と似ている。

前田の取材をして感じたのは、口下手のせいなのか誤解を招く性質があるということ。もともと徒党を組むのが嫌いな性格上、人間関係でも歯に衣着せぬ言動を発していたのだろう。だからといって高野連にそっぽを向いているわけでもなく、高校野球界に身を置いている立場をわきまえ、投手の投球数問題やタイブレーク方式導入問題などについて、きちんと提言している。

見た目が大工の棟梁。べらんめえ口調で、気難しい職人気質で、頑固一徹で、白黒はっきりするタイプだが、きちんと人を平等に見ている。

一九九五年夏の甲子園で優勝したが、都立八丈、日南学園衝突事件の采配についてマスコミからバッシングの嵐。外部からはクレーム。学校、ＯＢ関係者からも相当言われただろう。それでも長きにわたって指導しているということは、人間的な部分が誠実であるからだ。

二〇〇二年夏の甲子園ベスト4に進出したチーム、伝説の背番号10のキャプテンで、現在筑波大学野球部助監督の奈良が前田について熱く語ってくれた。

「厳しい中で人を見て育て、技術が良くても人間的に足りない者は決して使いません。勝つためには最善の努力と状況に一番適した戦力で戦い、一片の情で起用することはありません。私は甲子園で一回も使われておりません。三回戦の福井との17対7でも出番はありませんでした。その後の国体も同じです。目の前のゲームに勝つために、一番勝つ確率が高い選手を並べることに徹してくれた監督の下で野球ができたことに誇りを感じます。薄っぺらい一打席をあげるよりも、そこまでこだわる姿勢は本当に勉強になりました」

前田帝京イコール勝利至上主義という図式ではなく、前田帝京は〝常勝軍団〟〝勝ち続ける〟という観点でものを見ている。上手さではなく強さを求めた。

奈良はあの夏の甲子園で戦う上で、何が必要かを教えてくれた衝撃の出来事をよく覚えている。それは現在、指導者としても十分に役立つ訓示でもある。

二〇〇二年夏の甲子園準々決勝で、ナイター試合になりながらも尽誠学園（香川）に5対4で勝った。すぐに宿舎に戻り夕食後、翌日第一試合の智弁和歌山戦へのミーティングで前田が放った一言だ。

「おまえら、記者に取材されても〝ここまで来たら〟と絶対に言うな。どんな記者が来ても〝一戦必勝〟と言え！」

前田は檄を飛ばすように言ったという。要は、〝ここまで来たら〟イコール最初から優勝を考えてなかったという意味にも捉えられる。勝負はすでに始まっている。戦う姿勢ができてない者に勝利の女神は訪れない。さすがだと皆が感心した。

結局、準決勝、善戦虚しく1対6で智弁和歌山に負けた。そして、その夜の宿舎で野球部員全員を集めて、前田はいきなりこう言い放つ。

「おまえらは全国優勝できるチャンスを逃した。二年生以下はこうなるな！　絶対に巻き返せ！」

「え!?」

三年生はまさかだった。

「ここまで来てこう言われるのか……」

労いの言葉も何もない。お涙頂戴の話をしようとすればできるが、常勝軍団であり続ける姿勢を失わせないためにも、前田はあえて警告を与えている。勝ちにこだわる姿勢こそが、前田帝京を形成させている。今は時代に合わせて適応していくことが勝利に直結すると言われているが、それはあくまでも外的要因に対しての防御である。時代がどれだけ変わろうと、選手たちの気質がどれだけ変化しようと、野球の細かいルールが変更しようとも、揺るぎない信念さえあれば、いかようにでも対応できる。

「どんどん自分が変わっていかないといけない。昔は〝コノヤロー！〟って引っ張っていけたけど、今はそんなことはできない中でも教育をしなきゃいけない。だから、『おまえら足許を見るなよ。そうなると俺は教育できないし、おまえらとの間の関係性は壊れるからな』ってはっきり言います」

言う言わないではなく、〝足許を見るようなお下劣な選手になるな、それは卑怯だぞ〟とはっきり言ってやることが必要。今の時代、監督と選手との関係性をきちんと説明して約束事を決めることが大切なのだ。

これだけ混沌とした世の中がめまぐるしく変化すれば、当然教育の現場も変わり、選手たちに手がかかってくるのは当たり前。どれだけ実績を上げていようが、簡単には登り詰められない。ひとつひとつの階段を踏みしめていくことで、やっと見えてくるものがある。前よりも忍耐強くなった。いや忍耐強くならないと上に上がれない。

とにかく、自分の人生の落とし前さえつけられれば、誰に褒められなくてもいい。

それが前田三夫なのだ。


長時間のインタビューが終わり、資料等を鞄にしまっている間、

「どのように帰られますか？　帰り道わかりますか？」

前田は気を遣ってくれる。グラウンドから駅までの道順を丁寧に教え、すっかり日が暮れてあたりが暗い中、わざわざ車道まで出てきて直立不動からお辞儀をする前田。

こちらもお辞儀をし、ふと見上げたときの前田の顔は相も変わらず厳しい顔つきだった。

最後の最後まで笑みを見せなかった。

鬼の前田、健在なり。

あとがき

人は格差をつけたがる。資本主義社会である限り仕方がないことでもある。

特に勝負事においては情に流されリベラルに指揮しようものなら、まず勝てない。強豪校になればなるほど、そう感じる。野球はチームスポーツのため、指導者にレベルの格差をつけられることを前提に選手たちは日々格闘している。

都合上本文に入れ込められなかったが、取材をしている中で自分と同化するような印象的な選手がいた。

二〇〇三年世代のファースト五番・井戸田和樹。

身長は175センチ程度だが、服の上からでもわかるほどの筋骨隆々体型。顔は佐藤浩市をかなり崩した様相で、いつも朗らかで豪胆な印象の持ち主。

「毎打席ホームランを狙ってました。ホームランは狙って打つものです」

格言かのように話す井戸田は、二十年ぶりに出場した二〇〇二年選抜甲子園開会式直後の第一試合大体大浪商戦で、9回に史上二人目の代打ホームランを放つ。当時は、サイズ通りの腕っぷしが強そうな構えから思い切り引っ張るプルヒッター。

同期で話題になるのは、この試合の前日に起こったこと。

試合前日ミーティングで市原監督が、開会式直後の第一試合の変則的なスケジュールの注意喚起をし、さらにマスコミ対策について話しているときだ。ふと一番前に座っている井戸田が何も持ってこずに座っているのに気付く。

「おまえ、野球ノートは？」

「はい、ありませんが覚えますので大丈夫です」

「バキッ！　ボコッ！」

打たれ強い井戸田は、翌日の試合で史上二人目の代打ホームランを打った。しかし、甲子園でホームランを打ったことが井戸田を苦しめることになる。

甲子園から戻った春季大会でも、スタンドからは「甲子園でホームランを打った男」という目で見られ、もともとホームランを狙って毎打席入っていた井戸田だったが、より結果が求められるようになり、重圧となってバッティングが狂い出した。

でも、それよりもなによりも井戸田が高校三年間で一番きつかったのは、突然の孤立状態になった三カ月間。高校三年の四月から六月まで市原監督はもちろん、チームメイト全員からも無視。市原監督は意図的に無視することで、井戸田のメンタルを鍛え直すという荒療治を行った。

仲の良い小杉陽太に話しかけても返事をしてくれず、完全に孤立状態に陥った。この完全孤立期間、どんな練習試合だろうと井戸田はずっとスタメンで使われ続けた。要は、みんなから本当に認められる選手になるための試練だったのだ。

途中から井戸田も市原監督の思いがわかった。しかし、仲間から無視され続け、それでもレギュラーを張ることに耐えられず、

「もう外してください」

号泣しながら市原監督に訴えた。涙でボロボロになった井戸田の顔を見て、さすがにここらが限界と感じた市原監督は次の日の練習前、選手たちに告げる。

「はい、井戸田のやつ、終わりな～」

選手たちは安堵の表情に変わり、

「やっと、終わりかぁ」

「いや～きつかった」

「よお、井戸田、元気かよ」

一気に朗らかな顔のチームメイトが井戸田に話しかけてくる。

「元気じゃねーよ」と思いながら、仲間と話すことがこんなに嬉しいことだと初めて知った。吉と出るか凶と出るかの荒療治は、井戸田をモラトリアムから卒業させる大切な作業だったのだ。

ほんの一例を述べたが、二十年以上指導している市原監督にとって、いろいろなタイプの選手がいたと思う。自分に合わないからと切り捨てることは簡単だが、市原監督は教育者として選手一人ひとりの面倒を最後まで見てきた。一般人から見れば教育者だからやって当たり前と思うかもしれないが、なかなかできることではない。だからこそ、卒業していったOBたちから何年経っても慕われるのだ。

プロだろうがアマチュアだろうが、どんな野球人でも引き際の時がある。ひっそりと静かに辞めていく者が大半だろうが、稀にドラマティックに辞めていく者もいる。

プロ入りも嘱望されていた一九九八年世代の芦川武弘が、中央大から社会人ヤマハで野球を続け、三十歳のときに引退を決めたときのことだ。毎年三月の第一週もしくは第二週に〝三年生を送る会〟が催され、三年生対一年生で試合をする。

芦川は「現役最後は柏のグラウンドで投げたい」との思いから、壮行試合が終わったあと、エキシビションで一打席勝負をすることになり、同期で現部長の立野淳平が芦川からの指名でバッターボックスに入った。

「おい、おまえ、真剣勝負で来いよ」

マウンド上の芦川はニヤリと笑いながら叫ぶ。

社会人野球引退を決めたとはいえ、投球練習を見る限り、現役バリバリの球。

「速えーじゃねーかよ。こんなの打てねーよ」

立野はそう思いながら、真剣勝負に臨んだ。

一球目のボールを見て、立野はバットを短く握り直した。1ボールからの二球目、真ん中寄りの外角高めを思い切り振ると、なんとレフトスタンドに入るホームラン。

実は、事前に立野は五十人ほど集まっていたOBに「僕が打っても打ち取られても、マウンドに行って芦川を胴上げしてあげてください」と伝えていた。それが、ホームランを打ったばっかりに、OBたちもどっちに行ったらいいのか躊躇しながらも、マウンドの芦川のところへ行って胴上げが始まった。

ベンチにいた市原監督は、少し興奮気味に芦川に叫んだ。

「こんな引退の仕方できないよ。これぞ筋書きのないドラマじゃないけど、同級生と対決してホームラン打たれるなんて最高の引退の仕方だ。おまえは幸せ者だな」

わざと三振して花を持たせるなんていくらでもできるが、一打席のみの真剣勝負でホームランを打つことなどなかなかできない。

人間は、友情と思い出があれば生きていけると言った偉人がいた。

まさに、二松学舎野球部は市原勝人監督の下、人間が生きていく中で必要なことを体現しながら学び、育んでいくんだと思う。

また今年も暑い夏がやってくる。

松永多佳倫

二〇一六年六月

日本で最も熱い夏

2016年6月23日　初版第一刷発行

著　　者／松永多佳倫

発 行 人／後藤明信
発 行 所／株式会社竹書房
〒102-0072　東京都千代田区飯田橋2-7-3
03-3264-1576（代表）　03-3234-6208（編集）
URL　http://www.takeshobo.co.jp

印 刷 所／共同印刷株式会社

カバー・本文デザイン／轡田昭彦＋坪井朋子
写真提供／朝日新聞社、毎日新聞社、産経新聞社、日刊スポーツ新聞社、アフロ
特別協力／青木久雄（日大三高・二松学舎高校元野球部監督）、前田三夫（帝京高校野球部監督）、小倉全由（日大三高野球部監督）、仲村恒一（日本大学野球部監督）、荒木大輔（元早稲田実業野球部投手）、米澤貴光（関東一高野球部監督）
協　　力／二松学舎高校野球部（市原勝人・立野淳平ほか）、二松学舎高校野球部歴代OB

編 集 人／鈴木誠

JASRAC　出　1605911-601
Printed in Japan 2016

ISBN978-4-8019-0752-2